浙江地方金融发展研究中心

浙江地方金融改革的创新与实践

周建松　吴　胜　主　编
王　静　姚星垣　副主编

浙江工商大学出版社
ZHEJIANG GONGSHANG UNIVERSITY PRESS

图书在版编目(CIP)数据

浙江地方金融改革的创新与实践 / 周建松,吴胜主编. — 杭州 : 浙江工商大学出版社,2017.12
ISBN 978-7-5178-2166-3

Ⅰ. ①浙… Ⅱ. ①周… ②吴… Ⅲ. ①地方金融—金融改革—浙江—文集 Ⅳ. ①F832.755—53

中国版本图书馆 CIP 数据核字(2017)第 105782 号

浙江地方金融改革的创新与实践

周建松　吴　胜主　编

王　静　姚星垣　副主编

责任编辑	沈敏丽　刘　韵
封面设计	许寅华
责任校对	王俏华
责任印制	包建辉
出版发行	浙江工商大学出版社
	(杭州市教工路 198 号　邮政编码 310012)
	(E-mail:zjgsupress@163.com)
	(网址:http://www.zjgsupress.com)
	电话:0571 - 88904980,88831806(传真)
排　　版	杭州朝曦图文设计有限公司
印　　刷	杭州恒力通印务有限公司
开　　本	710mm×1000mm　1/16
印　　张	8
字　　数	152 千
版 印 次	2017 年 12 月第 1 版　2017 年 12 月第 1 次印刷
书　　号	ISBN 978-7-5178-2166-3
定　　价	28.00 元

目 录
CONTENTS

第 一 篇

地方金融发展战略

做大做强浙江省地方金融机构的对策研究①

◎周建松

　　根据浙江省"十二五"规划发展纲要精神和"十二五"金融发展规划要求,浙江金融业发展要紧紧围绕"八八战略"和"创业富民、创新强省"总战略,以浙江经济社会转型发展的需要为主线,以优化金融发展环境为基础,以改革创新为动力,进一步增强金融服务能力和保障能力,促进区域经济增长和维护金融稳定,并特别指出要"进一步强化浙江中小金融和地方金融特色,提升金融业的发展水平和竞争能力"。

　　近年来,地方金融机构经历了较快的发展,整体实力得到了较大的提升,成为支持地方经济发展的一支重要力量。但是与全国性金融企业在浙分支机构相比,浙江地方金融业,尤其是非银行金融机构仍然在规模上和实力上存在一定的差距。为此,需要进一步深化改革,大胆探索,采取综合措施,大力支持地方金融机构做大做强,更好地支持区域经济健康、持续发展。

一、做大做强地方金融机构的基本内涵

　　要做大做强浙江省地方金融机构,首先要明确几组基本的概念以及它们之间的相互关系。一是地方与中央,二是做大与做强。

　　一般所说的地方,是指与中央相对的中央以下行政区。地方金融机构则与全国性金融机构相对;浙江地方金融机构则与全国性金融机构或者外资金融机构在浙的分支机构相对。对实践层面意义上浙江的地方金融机构而言,"地方"既是空间和区域上的概念,又强化了"地方法人的范畴",即机构设置和管理权限在浙江本地,具有地方税收、地方业务和地方管理属性。因此,浙江省地方金融机构可以理解为总部在浙江,主要机构设在浙江,主要为浙江各类经济主体提供金融服务的法

　　① 项目资助:浙江省金融教育基金会 2012 年度重点项目(2012Z01),课题负责人:周建松,课题组成员:姚星垣。

人单位。

所谓做大,一般理解是规模大,但是,对地方金融机构而言,需要辩证地认识,到底何谓"大"。一是指地方金融机构总体的业务规模要做大。与全国性金融机构相比,单个地方金融机构的规模往往不在同一个数量级上,因此,这个"大"是整体的大。二是指单个地方金融机构的业务规模增加,即与过去相比,自身的业务规模要扩大。三是指地方金融机构的影响力增大,即地方经济主体在需要金融服务时,首先想到的是能够获得地方金融机构的支持。

所谓做强,一般理解是实力强,对地方金融机构而言,同样要从不同角度去实现。一是地方金融业整体实力强;二是具体到单个地方金融机构,其自身实力强;三是发挥特定的金融功能强。对金融机构而言,从具体指标上看,包括经营业绩持续良好,资源配置效率较高,各类风险管控到位,具有核心竞争力。

做大与做强之间既有区别,又有联系。首先,大不一定等于强。有的金融机构规模大,但是经营业绩不佳,风险管理薄弱,核心竞争力缺失,就是"大而不强";有的金融机构规模不大,但特色鲜明,业绩突出,是"小而精"。但是,大与强,往往又有各种联系,可以相互转化发展。

值得指出的是,所谓做大做强地方金融机构,侧重的是在地方金融业整体上做大,做强,并不是指让所有地方金融机构既大又强,因为这并不符合一般经济规律。因此,需要根据不同金融机构的类型、服务对象、所处区域等实际情况,有针对性地把做大和(或)做强作为战略,目的是增加地方金融机构的整体竞争力,更好地发挥其特定的金融功能,支持区域经济转型升级。

如果把做大做强地方金融机构看成是"总量"的话,那么,可以依据下面的公式:

总量＝数量×质量

其中,数量体现地方金融机构的规模,侧重"做大",而质量体现的是地方金融机构的竞争力,侧重"做强"。

如果把做大做强作为地方金融机构发展的目标,要实现这个目标,需要既增加数量,又提高质量,达到两者兼顾。但是在特定发展阶段,以及根据不同金融机构的特点,需要在数量和质量上有所侧重。

二、做大做强地方金融机构的功能定位

(一)地方金融机构的金融功能实现的比较优势

特定的金融机构是一系列金融产品和服务的集合,目的是实现特定金融功能。一般认为,金融具有清算结算、聚集资金、资源配置、风险管理、信息发现及激励机制等六大功能。那么,与全国性金融机构在浙分支机构相比,地方金融机构在实现

金融功能方面到底有哪些优势和不足？

整体上而言，地方金融机构的特点，决定了其在规模、知名度、信誉度等方面存在相对劣势，在技术上表现为硬件设施以及网络通信等渠道相对薄弱，风险管理水平和应用现代企业制度的程度相对较低。而优势则体现在基于地缘关系和血缘关系的信息优势，以及随之而来的在资源配置上的优势，另外，机制的灵活性也是其优势所在，如表1所示。

表1　地方金融机构的金融功能实现

金融功能	全国性分支机构	地方金融机构	是否有优势	功能区域
清算结算	全国网络强大	相对较弱，部分缺失	否	Ⅲ
聚集资金	知名度高，信誉度高	有相对地缘优势	不确定	Ⅱ
资源配置	可能全局统筹安排	更多支持地方经济	有	Ⅰ
风险管理	整体水平较高	参差不齐	否	Ⅲ
信息发现	相对较弱	地缘、血缘优势	有	Ⅰ
激励机制	相对成熟	相对灵活	不确定	Ⅱ

我们按照是否具有优势，把地方金融机构的核心功能分为三个区域：

功能区域Ⅰ为优势区块，包括信息发现和资源配置两大核心功能。地方金融机构在做大做强的过程中要紧紧围绕自身的优势，认清自身发展的功能边界以及延伸的业务边界和空间边界。

功能区域Ⅱ为中性区块，包括聚集资金和激励机制两大核心功能。地方金融机构在做大做强的过程中要辩证地分析优劣之所在，在细化分析的基础上，扬长避短，找到适合自身发展的最佳切入点。

功能区域Ⅲ为劣势区块，包括清算结算和风险管理两大核心功能。地方金融机构在做大做强的过程中要清晰地认识自身存在的不足，主动学习，积极探索，不断改进，同时在资金和能力允许的范围内，抓住机遇，予以弥补。

（二）基于金融功能观的地方金融机构发展策略

要做大做强地方金融机构，需要明确其实现金融六大功能中的相对优势和不足，既要大力发扬自身优势，进一步强化核心竞争力，同时也要抓住机遇，适时补上短板，如图1所示。

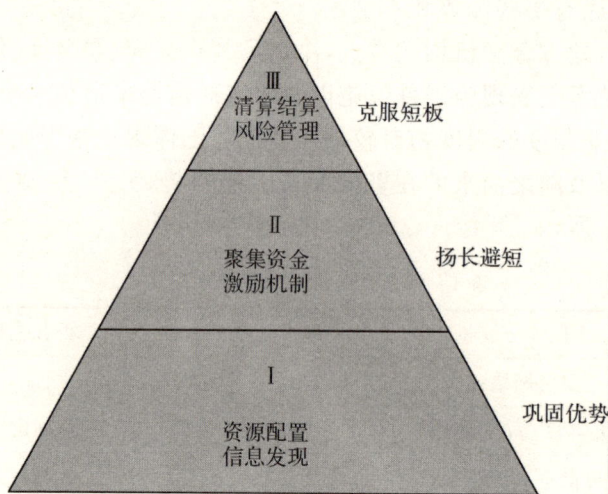

图1　基于功能观的地方金融机构的发展战略

1.切实发挥信息发现功能上的优势,合理确定业务覆盖地域范围

对一个特定类型和特定规模的金融机构而言,其业务能够覆盖的地域范围并不是越大越好。从理论上看,范围越大,那么所要获取的信息就越多,所需支付的信息成本也就越大。而对于地方金融机构而言,信息优势是构成其核心竞争力的重要组成部分,其中包括以地缘关系和血缘关系为典型代表的关系型融资。随着地域范围的扩大,信息优势将会快速减弱。因此,对于地方金融机构而言,在特定的地域范围内精耕细作,将优于一味地扩张,尤其是盲目在异地开设分支机构。

2.抓住转型升级主线优化资金配置,加大对地方经济的支持力度

资金配置功能的实现,需要以大量相关的信息为基础。资金配置效率的提升,关键是要在充分获取信息的基础上,发挥市场机制的基础性作用。对于地方经济发展而言,转型升级是近年来的主线。因此,地方金融机构需要以可持续发展的眼光来看待资金配置的方向。而基于地缘和血缘的关系,情感和文化上的认同将有助于克服短期的功利性,达到资金与劳动、土地、技术等要素的协同。

3.扬长避短,加强资金集聚功能

对于地方金融机构而言,自身资金集聚的能力与全国性金融机构在浙分支机构相比,有劣势也有优势。劣势主要体现在规模、知名度、信誉度以及服务的全面性和服务水平上,优势在于地缘优势和企业文化认同。因此,地方金融机构在资金集聚方面,需要在提高自身服务水平的基础上,做深做细,但同时也要防止违规、违法募集资金的行为。

4.攻守平衡,实现激励机制功能

地方金融机构往往由于规模较小,运行机制比较灵活,相比全国机构而言,其

在激励机制上有更多的空间,这是优势。但是,另一方面,如果出现过度激励的局面,就会形成不良竞争,甚至是恶性竞争,反而会危害金融机构自身和实体经济发展。因此,地方金融机构在机制功能方面,要做到善于发挥优势,同时也要攻守适度。

5.完善内控制度,提高风险管理能力

风险管理水平是一个金融机构是否强大的核心竞争力之一,在这个领域,地方金融机构在整体上存在一定的差距,主要表现在公司治理结构不合理、内部风控机制不完善以及危机处置能力薄弱等方面。为此,地方金融机构需要狠下决心,从制度建设、机制运行、企业文化、人才培养等方面多管齐下,切实加强风险意识,提高风控水平。

6.加强技术改造,提升综合服务水平

相对而言,地方金融机构往往在技术、网络、硬件设施等方面处于弱势地位。由于受规模、资金、人才等方面的限制,地方金融机构对这方面的投入相对不足,再加上有些法规和制度安排上的障碍,地方金融机构难以进入部分全国性金融市场和清算系统。为此,地方金融机构一方面要在现有条件下通过加强服务来吸引和保持客户,另一方面,也要主动抓住机遇,通过借力、借鉴、自主开发等多种途径,提高综合信息化服务水平。

三、做大做强地方金融机构的空间布局

从广义的空间布局上看,做大做强地方金融机构需要与全国性金融机构形成一定的差异化竞争,具体表现为:在城乡空间布局上,稳固城市,拓展农村;在地市空间布局上,依托地市,深耕县域;在区块空间布局上,因地制宜,形成特色。

(一)在城乡空间布局上,稳固城市,拓展农村

从金融集聚的规模和效率上看,城市具有先天的优势。资金、人才、技术等各种要素在城市集聚程度高,城市为地方金融机构的发展提供了广阔的舞台。

城市居民,尤其是大城市居民的收入水平较高,对金融产品和服务的需求也就相应较高。城市也往往是大型企业或者集团的总部所在地,对各种金融服务的要求高、力度大。这些,都是在城市发展金融业的优势,城市也因此成了各大金融机构的必争之地。在浙江,以杭州为例,其发达的经济基础、较高的居民收入水平、良好的商业环境,吸引了各类全国性金融机构纷纷在杭设置分支机构,抢夺优质客户。尤其是银行业,杭州是全国性股份制商业银行和外资银行最早设立分支机构和网点的城市,成就了商业银行在杭州来一家,赚一家的"杭州现象"。相对而言,农村地区各种资源集聚程度低,劳动力尤其是青壮年劳动力逐年流失,更难以吸引各类人才。金融机构难以获得较好的效益。

但是,随着近几年来浙江大力进行新农村建设,农民收入水平稳步提高,传统农业也逐渐向现代农业过渡,农村第二产业占农村经济的比重也逐渐提高,农村的面貌也发生了较大改观,农村金融发展的潜力正在逐步被挖掘。同时,随着城市,尤其是大城市人口集聚程度不断攀升,各种城市病也日益显现,城市金融的竞争环境日益激烈,对以城市商业银行为代表的地方金融机构而言,业务压力与日俱增,如图 2 所示。

单位:元、百分比

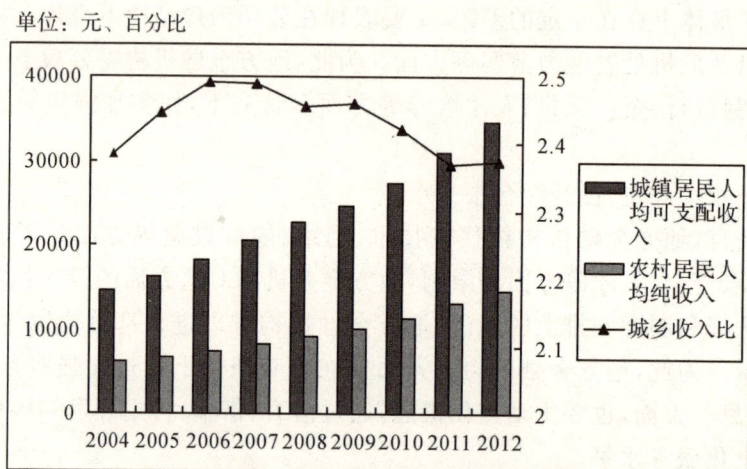

图 2　浙江城乡收入比(2004—2012)

因此,根据地方金融机构的自身优势,在城乡空间布局上,它们一方面需要继续稳固在城市的市场份额和客户群体,另一方面,需要更加深入地、积极地开拓农村金融市场,寻找新的业务增长点。

(二)在地市空间布局上,依托地市,深耕县域

从经济竞争格局上看,我国具有明显的县域竞争特点。因此,尽管不少地方金融机构总部设立在地市,但是其业务比重往往在经济强县更大。

从人均 GDP、人均收入、人均储蓄等主要经济金融指标来看,不少县(市)已经超过了地市。以城乡居民人均收入为例,有的地市下辖的多数县(市)已经接近甚至超过了地市市区的水平,而且这种情况不在少数,如浙北的嘉兴、绍兴地区及浙中南的金华、台州地区,如图 3 所示。

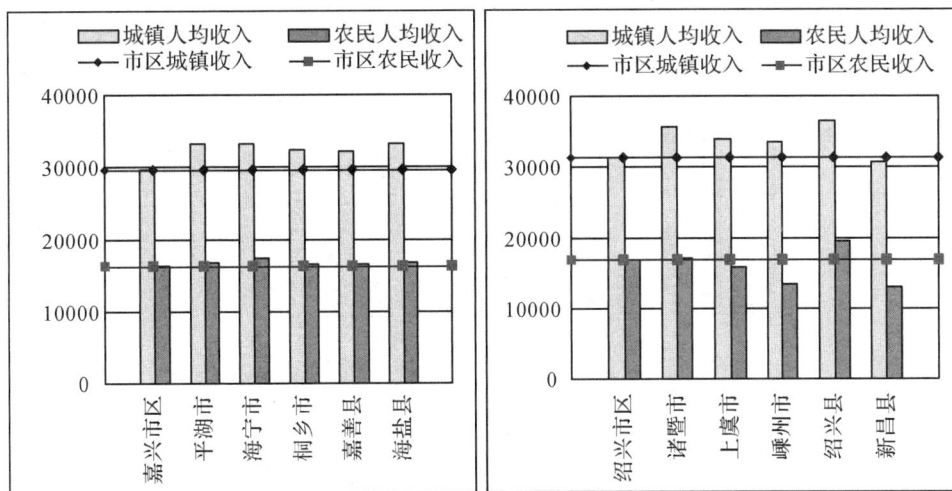

图3　部分地区市县城乡居民人均收入情况比较(2011)

因此,地方金融机构需要切实打破所谓行政级别的限制,让业务重心逐渐向县域经济倾斜,或者在公司治理、风险控制、激励措施等方面给予县域分支机构更大的自主权,充分调动县域分支机构的积极性。

(三)在区块空间布局上,因地制宜,形成特色

除了各个地市自身的发展定位,地方金融机构还要站在全省统筹的角度,合理进行空间布局,因地制宜,错位发展。地方金融机构要抓住浙江金融"十二五"规划中提出的打造金融"双中心"建设的战略,根据区块特色,在推动发展地方金融机构时适时引导,有所侧重。

1.以杭州为中心,打造"杭嘉湖绍"都市圈的民间投资管理中心

《金融业规划》中指出,充分发挥杭州承接上海、面向长三角的辐射带动作用,充分发挥民间投资管理中心的核心功能,打造在全国有影响力的中小金融机构总部集聚区、财富管理机构集聚区、金融后台服务和金融服务外包等公共服务基地。

绍兴应进一步提升在专业化产业区金融支持方面的特色和经验,积极探索推进产业转型升级、化解区域性信贷风险的有效金融对策,建设产业转型升级和集群金融服务示范中心,发挥其在产业集群的金融服务和区域金融风险处置方面的先行示范作用。

嘉兴应进一步发挥地缘优势和文化优势,成为浙江接轨上海国际金融中心建设的桥头堡和纽带,建设金融商务和金融后台服务中心,发挥其在对接上海金融中心建设中的示范带头作用。

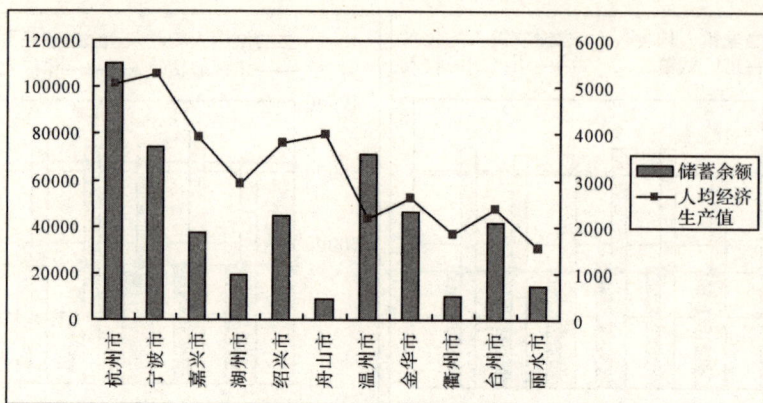

图 4   各地人均 GDP 与城乡居民储蓄余额(2011)

除了各个城市的自身定位,更要发挥"杭嘉湖绍"都市圈经济实力较强、金融基础较好、文化传统接近的整体优势,加强都市圈各成员之间金融合作的广度和深度,在错位发展、差异化发展的基础上,在民间投资管理领域进一步进行合作,发挥合力作用。

本区块地方金融机构要抓住有利条件,在建设民间投资管理中心过程中,以财富管理为切入口和创新点,积极开展业务。地方银行业机构要搭建新型财富管理平台,创新居民理财产品;地方证券业机构要积极参与构建多层次资本市场,拓宽各类经济主体投资渠道;地方保险业机构要以规范发展保险业务为先导,普及保险理念,增加保险覆盖面;地方类金融机构要以加强风控为原则,提高资产和负债管理水平,增加金融产品品种,提高金融服务的质量。

2.以温州、台州为先导,打造浙中南中小企业金融产品与服务中心

《金融业规划》中指出:发挥温州民间资本规模优势和民营经济示范区的体制优势,凸显其在民营企业投融资方面的先行示范作用。同时,对接"海峡西岸经济区"的发展契机,充分发挥温州的区位优势、资本优势、机制优势和市场优势,夯实其作为长三角经济区与海西经济区连接节点的区域金融中心地位。

台州应进一步强化民营银行发展领先的区域优势,促进民营银行示范中心的建设,发挥其在民营银行服务中小企业方面的先行示范作用。同时积极发展区域性的产权交易市场,强化台州企业在中小板上市的"集群效应"。

义乌应进一步拓展其在民间借贷、商贸和物流金融领域的区域特色,强化中小企业融资服务中心的建设,发挥其在中小企业融资和贸易金融方面的先行示范作用。

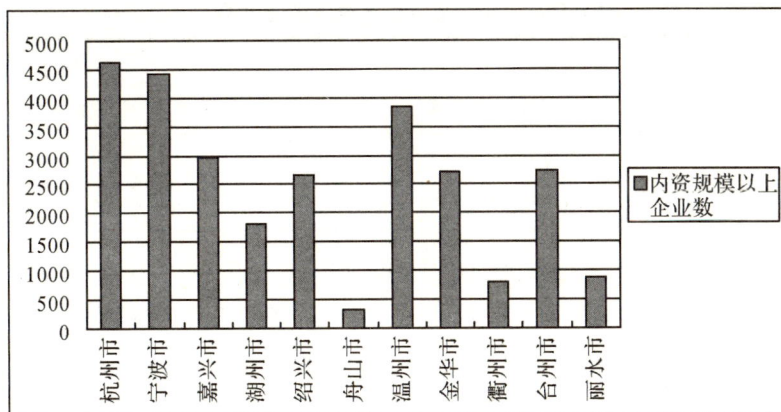

图 5　各地内资规模以上企业数(2011)

　　温台地区以及金华义乌等地中小企业数量十分巨大,而且一直受到融资难问题的困扰。由于民间借贷以及小额借贷的地缘关系比较密切,因此,可以在这些地区分别搭建服务当地经济主体的中小企业金融服务平台。同时,浙南地区的经济相对落后,通过鼓励居民创业来实现增收同样需要当地的金融支持。因此,与民间投资管理中心的相对集中不同,中小企业金融中心的布局可以是网状结构,以提高金融服务的覆盖面。

　　对本区块地方金融机构而言,在建设中小企业金融中心过程中,应以丰富公司理财业务,加大对中小企业的资金支持为切入口和创新点。由于各地产业布局和经济环境不同,这种针对中小企业提供金融服务的网状金融中心,其提供资金支持的方式和具体工具将呈现较大的区域差异,因此,需要进一步鼓励地方金融机构积极探索,勇于创新。同时,本区块地方金融机构需要把握国家战略改革的历史机遇,通过业务创新和机制创新,切实为本区块为数众多的中小企业转型升级提供大力支持。

四、做大做强地方金融机构的重要举措

(一)银行业地方金融机构

1. 城市商业银行要在支持中小企业转型升级中发挥更大作用

近年来,浙江城市商业银行规模增加较快,在全国同业范围内竞争力较强。在由《银行家》杂志推出的 2012 年度中国商业银行竞争力报告中,全国共有 10 家获奖,9 个单项奖中,浙江就有 3 家,如表 2 所示。

表2 2012年度中国商业银行竞争力报告中浙江获奖名单

序号	奖项名称	获奖银行
1	最佳城市商业银行	宁波银行
2	最具成长性城商行	杭州银行
3	最佳小微企业金融服务城商行	浙江泰隆商业银行

同时,另一方面也要看到,浙江的11家城市商业银行中,除了宁波银行和杭州银行,其余的资产规模相对较小。从全国范围看,2012年资产规模超过1000亿元的城商行数量为27家,浙江有2家;浙江11家城市商业银行2012年平均资产规模为1083.72亿元,除去宁波银行和杭州银行,平均资产规模为548.4亿元。与2011年相比,利润总额的算术平均增长率为10.54%,但是出现了3家银行为负增长,还有一家增长率低于3%,而增长率最高的杭州银行达到32.53%,具体情况如图6所示。

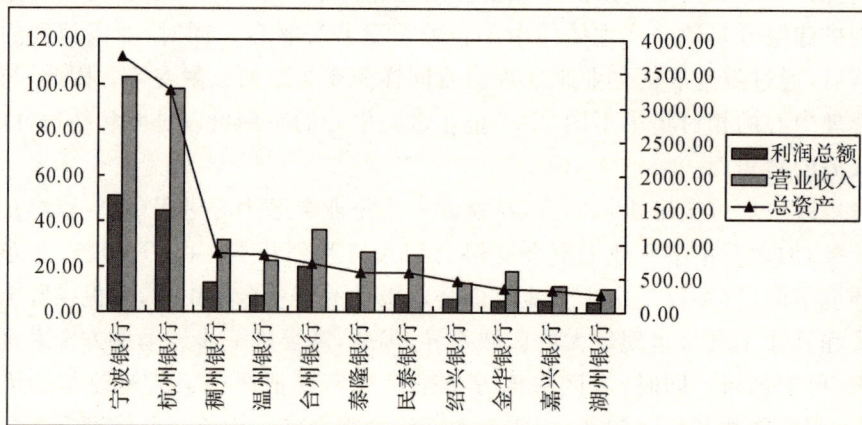

图6 浙江城市商业银行总资产规模、营业收入和利润总额(2012)

注:营业收入和利润总额为左轴,单位:亿元;总资产为右轴,单位:亿元。

同时,从风险管理角度来看,近年来,浙江城市商业银行的不良贷款率有所上升,2010年、2011年和2012年末不良贷款率平均为0.72、0.68和1.08,资本充足率和核心资本充足率基本稳定,分别是12.67%、12.65%、12.73%以及10.80%、10.78%、10.70%,如图7所示。

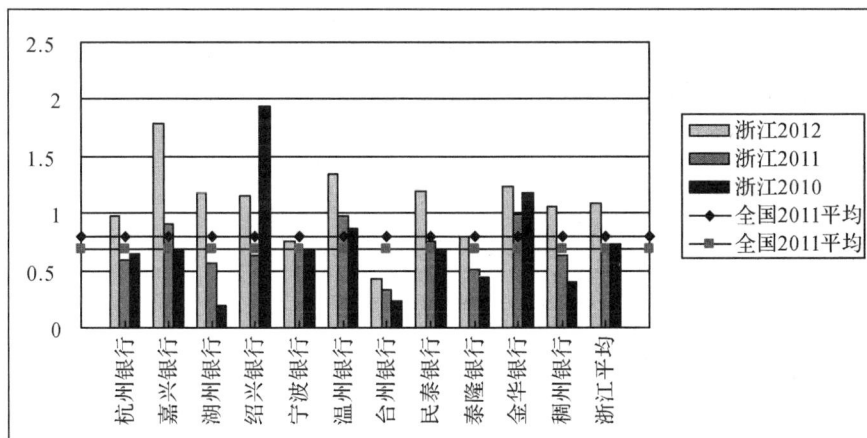

图 7　浙江城市商业银行不良贷款率(2010—2012)

从浙江省城市商业银行资产规模和效益的关系上看,似乎并没有简单的相关性,但是,两家较大的城市商业银行总资产增长率和利润总额增长率均较高,而其余 9 家规模相对较小的城市商业银行的利润总额增加率分布比较分散。这从某种意义上体现了对城商行而言,做大与做强之间存在一定的关联。而两家总资产增长率和利润总额增长率均较高的城商行(义乌的稠州银行和台州的民泰银行),体现了"做强"的另一种可能:依托地方经济和产业集聚的特点,专注于小微企业金融服务,精耕细作,做出特色,如图 8 所示。

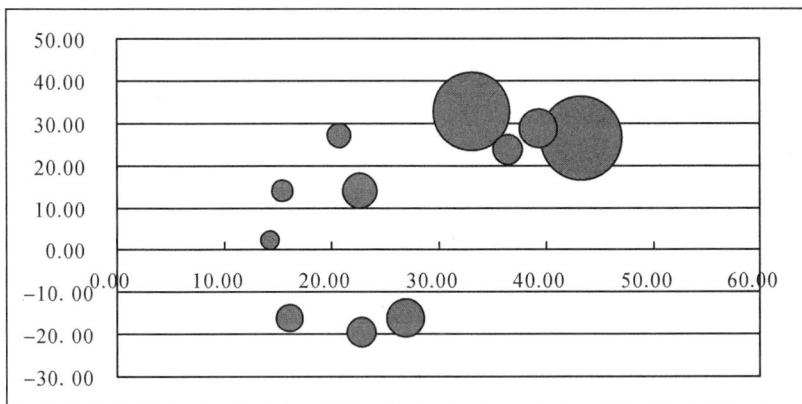

图 8　浙江城市商业银行总资产增长率、利润总额增长率和资产规模(2012)
注:横轴为总资产增长率,纵轴为利润总额增长率,气泡大小是总资产规模。

从资产规模和整体实力上看,浙江城市商业银行在各类地方金融机构中处于领先地位。浙江民营经济占比大,中小企业数量多,块状经济显著,但是多数为传统制造行业。为此,城商行应当担当起支持地方经济可持续发展,促进地方经济转型升级的重任。从 2008 年全球金融危机爆发以来的情况看,各城商行的资产质量、风险事件往往与地方经济的产业结构密切相关。因此,从优化资金配置的角度看,城商行需要进一步遵循市场规律,加强对资金流向的管理和监督,更多地支持战略性新兴产业,更多地支持中小企业转型升级。

2.农信系统金融机构要进一步巩固"支农支小"的核心地位

经过 10 年的改革发展,浙江农信系统取得了长足的发展,地位得以明确,规模迅速增加,实力稳步增强,综合效益良好,公司治理改革也在稳步推进。截至 2012年 6 月,浙江农信系统成立了 3 家农商行和 40 家农合行,如表 3 所示。

表 3　浙江农信成员和性质(截至 2012 年 6 月)

	农商行	农合行	信用联社
杭州	1	4	3
宁波		3	6
嘉兴		3	3
湖州	1	3	1
绍兴	1	5	
舟山		2	2
温州		7	4
金华		5	3
衢州		1	5
台州		6	3
丽水		1	8
总计	3	40	38

资料来源:根据浙江在线网站相关资料整理计算。

截至 2012 年末,浙江农信各项存款余额 10196.19 亿元,2002 年到 2012 年年均增速为 18.6%,是浙江省首个突破万亿大关的金融机构,各项贷款余额 7270.71亿元,2002 年到 2012 年年均增速为 18.4%,如图 9 所示。

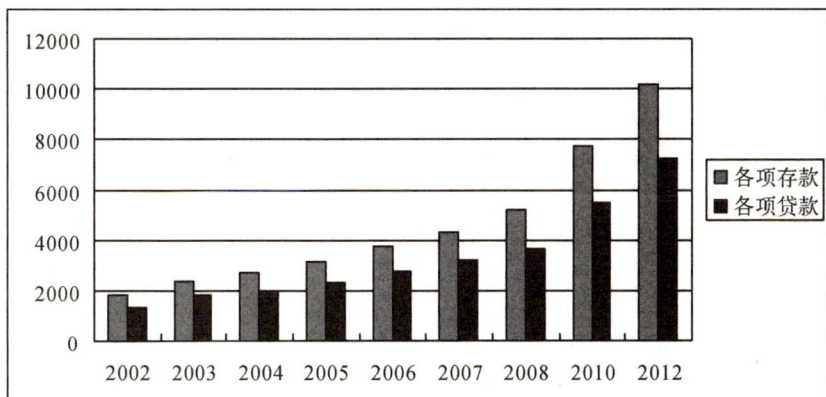

图9　浙江农信信托存贷余额(2002—2012,单位:亿元)

在各项贷款中,涉农贷款和小微企业贷款占比较高。其中涉农贷款余额5055.79亿元,小微企业贷款余额2926.25亿元,贷款户数190.72万户,户均贷款37.99万元,农户和小微企业贷款总量跃居全国各省农信系统第一[①]。

从业务覆盖面和受惠群体广度上看,浙江农信系统在各类地方金融机构中处于领先地位。依托农村小微企业和经济种植、养殖业的发达,浙江农村经济较为发达,农民收入水平较高,农村经济金融发展的基础较好,前景较为广阔。为此,农信系统应当进一步巩固"支农支小"的核心地位,深入农村,深入基层,扎扎实实做好金融普惠,通过金融产品创新和服务方式创新,进一步加强为农村小微企业和农户服务的力度。

3.村镇银行要以便捷灵活的产品为农村小微企业和农户服务

作为新型农村金融机构,浙江村镇银行经历了较快的发展,截至2013年2月,浙江(除宁波外)总共设立村镇银行98家,在全国仅次于四川、河南,位列前三,如图10所示。

从地市统计看,浙江的台州、温州和丽水三市设立村镇银行数量居前,分别为16家、16家和14家,浙江成为地市设立村镇银行数量前15位中最多的省份之一,与河南并列,[②]如表4所示。

---

① 中国银监会网站数据。

② 冯娜娜:《6年设立1502家 村镇银行扩张提速》,21世纪网,2013年3月1日。

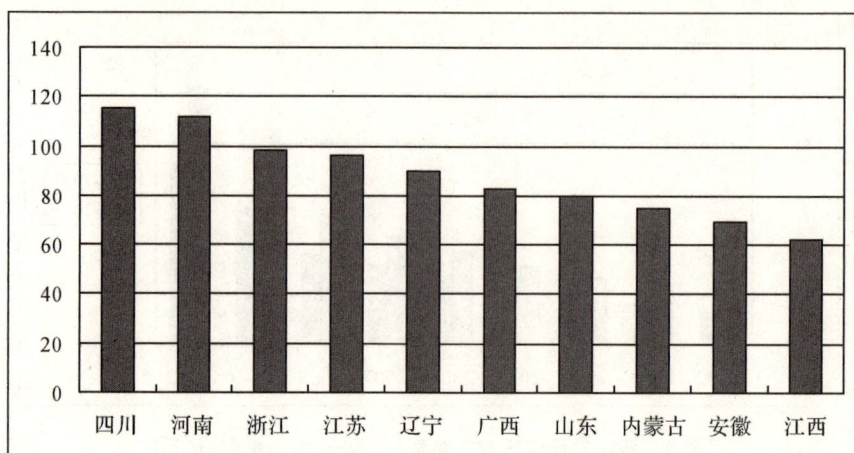

图10　全国设立村镇银行居前省区（截至2013年2月）

表4　全国设立村镇银行居前的地市（截至2013年2月）

地市	数量	省区	地市	数量	省区	地市	数量	省区
桂林市	29	广西	鄂尔多斯市	16	内蒙古	昌吉回族自治州	14	新疆
成都市	25	四川	营口市	16	辽宁	郑州市	14	河南
南阳市	25	河南	信阳市	16	河南	松原市	14	吉林
赣州市	22	江西	台州市	16	浙江	内江市	14	四川
哈尔滨市	17	黑龙江	温州市	16	浙江	丽水市	14	浙江

数据来源：根据21世纪网报道整理，2013-03-01。

　　从发展的角度看，浙江村镇银行在保持数量优势的同时，需要从战略上思考如何进一步挖掘市场细分中的相对优势，明确自身定位，增强核心竞争力。从空间布局看，村镇银行与农信系统存在重合，从产品和服务看，村镇银行与农信系统大致雷同，而且还存在支付清算网络和硬件设施方面的相对弱势。为此，村镇银行要争取在达到一定规模的基础上，通过优质服务取胜，通过金融创新，设计便捷灵活的产品，切实为农村小微企业和农户服务，通过树立特色，做强做精。

　　（二）证券期货业地方金融机构

　　1.地方证券期货公司要以活跃区域资本市场为使命

　　根据中国证券业协会统计，114家证券公司全年实现营业收入1294.71亿元，全年实现净利润329.30亿元，99家公司实现盈利，占证券公司总数的86.84%。截至2012年12月31日，114家证券公司总资产为1.72万亿元。

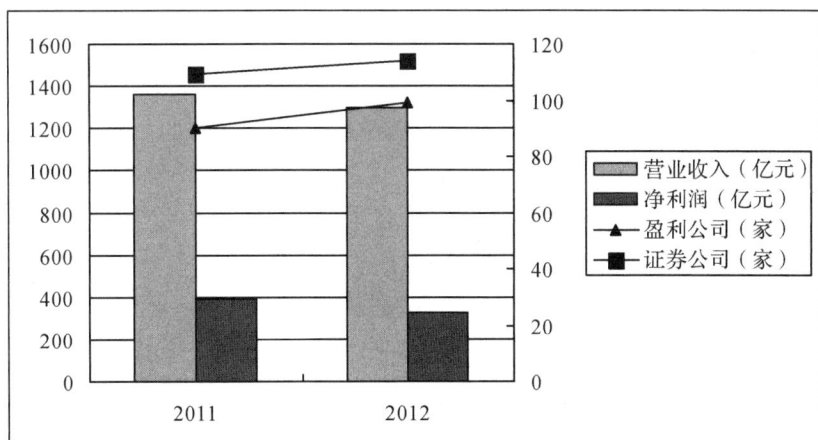

图11 浙江地方证券公司经营情况(2012)

截至2013年6月底,浙江有证券公司3家,证券公司分公司17家,证券营业部357家,期货公司10家,期货营业部109家。期货开户数25.4万户。截至6月底,辖区证券经营机构托管市值5811.07亿元,客户交易结算资金余额350.6亿元,投资于证券市场的资金合计6161.67亿元。投资于期货市场的资金(期货公司统计口径)254.43亿元,其中法人客户(含产业客户和机构客户)65.99亿元,自然人客户188.44亿元。

从全国范围来看,3家地方证券公司资产规模和营业收入处于中上水平,但是盈利水平相对靠后,显示地方证券业机构规模相对较小,整体实力不强。为此,浙江地方证券期货公司要抓住构建区域多层次资本市场的契机,在交易对象、交易方式、配套服务等方面通过金融创新,实现自身的做大做强,如表5所示。

表5 浙江证券公司规模和业绩(2012,单位:亿元)

	资产规模	排名	营业收入	排名	净利润	排名
中信金通	1155658	38	106,427	32	20,373	34
浙商证券	1026185	43	92,870	40	6,795	62
财通证券	904098	53	83,260	44	5,412	66

数据来源:根据中国证券业协会《2012年度证券公司会员经营业绩排名情况》整理。

2.地方各类基金公司要以解决"两多两难"为己任

总体而言,浙江的基金公司基本呈现私募基金十分火爆,公募基金不温不火的局面。截至2013年6月,浙江有基金公司1家,基金销售机构26家,基金销售支付结算机构1家。截止到2011年7月,据不完全统计,浙江省共有股权管理公司

507 家,管理资金规模已超过 630 亿元[①],而据 2013 年 6 月的不完全统计,浙江注册的股权投资基金有 700 多家,管理了 1000 多亿资产。[②]

一方面,浙江中小企业多,民间资本充裕的特点为各类基金公司,尤其是私募基金公司的迅速发展提供了良好的经济、金融基础。另一方面,浙江存在典型的"两多两难",即中小企业多、融资难,民间资本多、投资难。多数私募基金的投资对象,或者是有价证券,或者是比较成熟、上市在即的企业,而对小微企业的支持力度相对较弱,并没有做到"雪中送炭"。为此,各类基金公司,尤其是私募基金公司,要根据浙江经济特点,从发展的眼光出发,更多地支持战略性新兴产业和转型升级过程中的小微企业,加大产权投资基金、种子基金的比重,在赢得更广阔市场的同时,自身也不断做大做强。

(三)保险业地方金融机构

1. 保险业发展概况

2012 年浙江实现保费收入 819.88 亿元,其中财产保险、寿险、意外险和健康险分别为 358.22 亿元、401.24 亿元、23.12 亿元和 37.29 亿元,分别比 2011 年增长 12.21%、15.44%、7.99%、13.69%和 31.01%。

地方保险机构的资产规模稳步增长。以浙商财险为例,2012 年总资产为 32.93 亿元,比上年增长 14.18%,同期实现利润总额 3098.32 万元,比上年增长 110.77%,

2. 地方保险公司要重点转变保险商业模式

与全国性保险公司在浙分公司的业务相比,浙江保险公司无论在保费收入的规模还是增速上都不具有优势。以保费收入为依据,无论是财险业务还是寿险业务,排名都在 10 名左右。为此,地方保险公司要围绕区域经济社会发展和社会公众的保险需求,积极探索商业模式转型,促进保险产品更加多元化,促进保险服务更加个性化,促进保险销售模式更加多样化,如图 12、图 13 所示。

---

① 陈植:《浙江 PE 调查:管理费免单盛行》,21 世纪经济报道,2011 年 07 月 30 日。
② 赵黎:《朱从玖:浙江私募基金总数已达 700 多家》,和讯网,2013 年 07 月 01 日。

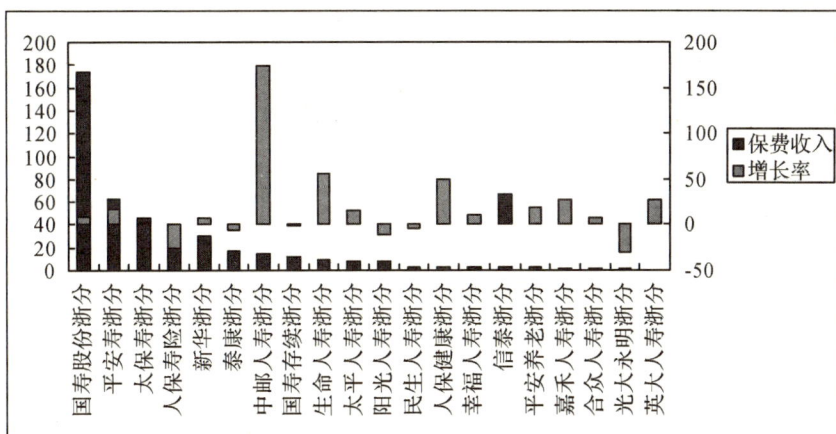

图 12　人寿保险公司在浙原保险保费收入和增长率(2012)

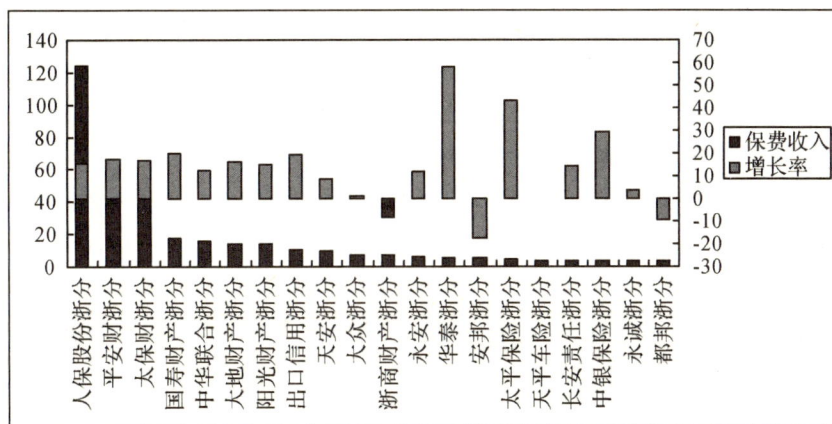

图 13　财产保险公司在浙原保险保费收入和增长率(2012)

3.地方保险中介机构要加强客户服务体验

浙江的保险中介机构数量基本稳定,2011 年和 2012 年专业中介机构分别为 87 家和 85 家(如图 14 所示),保险兼业代理机构分别为 6732 家和 6825 家。保险营销员实现保费收入 364.64 亿元。其中产险营销员 72.95 亿元,寿险营销员 291.69 亿元,分别占浙江省保费收入的 20.36％和 72.70％。为此,保险中介机构要进一步转换服务理念,优化服务意识,通过规范经营,优质服务,赢得客户和市场认同。

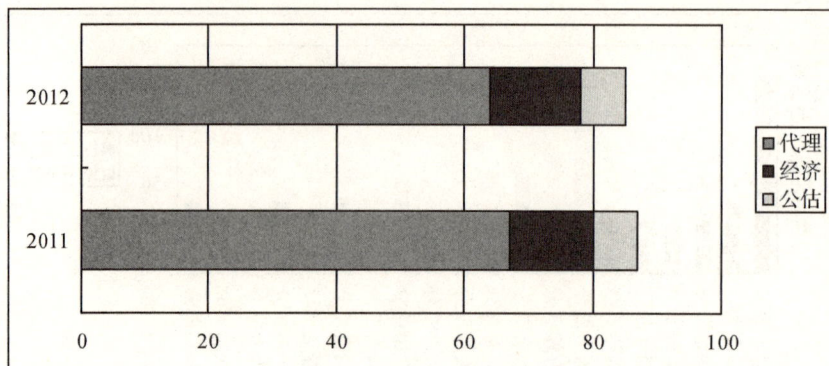

图 14 浙江专业保险中介机构数量(2011—2012)

(四)信托业地方金融机构

1.信托业发展概况

根据中国信托业协会公布的数据,截至 2012 年底,信托全行业 65 家信托公司管理的信托资产规模为 7.47 万亿元。在房地产信托和银信合作发展均受限的背景下,信托资产仍能实现近 50% 的增长。实现营业收入 638.42 亿元,同比增长 45.32%。合计实现利润总额 441.4 亿元,同比增长 47.83%。

以杭州工商信托为例,从 2009 年到 2012 年,资产总额、营业收入和利润总额均实现稳步较快增长。资产总额由 2009 年的 6.85 亿元增加到 2012 年的 11.50 亿元,增长了 0.68 倍;而同期的利润总额由 2009 年的 1.37 亿元增加到 2012 年的 3.21 亿元,增长了 1.34 倍,如图 15 所示。

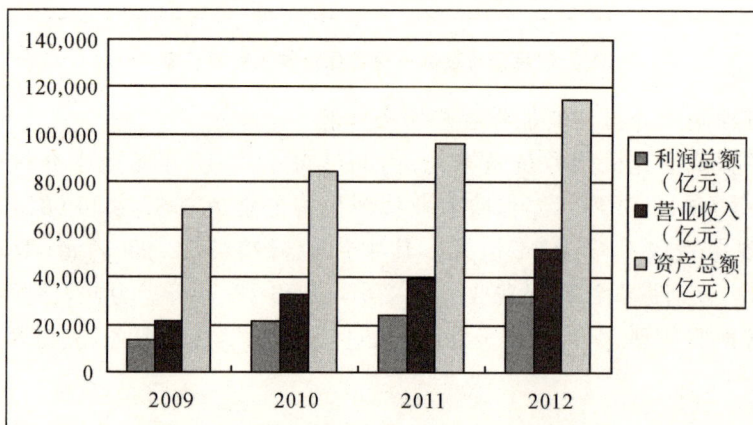

图 15 杭州工商信托主要财务指标(2009—2012)

2.地方信托业要以稳健经营满足市民日益增长的理财需求

2010、2011 和 2012 年间,信托公司分别为受益人创造了 4.63％、4.30％和 6.33％的年化综合实际收益率,实际分配的投资收益总额高达 2932 亿元,而信托公司收取的实际信托报酬仅占其管理信托资产总收益的 10％—14％,树立了社会财富优秀管理者的形象。[①]

由于信托的特定用途和性质,部分信托产品募集的季节性较强。以杭州工商信托为例,从募集资金的规模和数量上看,夏季和春节前后往往是高峰期。另一方面,居民的理财需求具有持续性,因此需要在稳健经营的基础上,通过转变经营机制和金融创新,克服两者之间的矛盾,如图 16 所示。

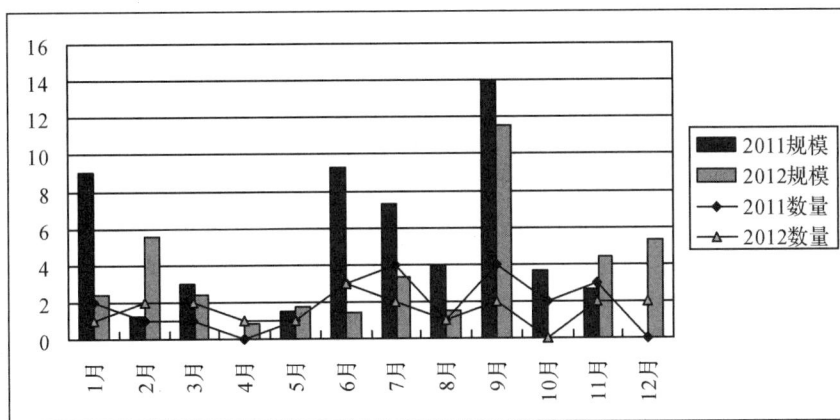

图 16　杭州工商信托集合资金信托产品发行数据(2011 和 2012 月度数据)

数据来源:根据用益信托工作室网站数据整理 http://www.use-trust.com。

3.地方信托业要以务实创新成为实体经济的坚定支持者

长期以来,我国信托业管理的信托资产主要投向了实体经济,证券投资等金融性投资占比一直在 20％以下,其中基础设施、工商企业和房地产一直是资金信托占前三的配置领域,但顺应国家加大金融支持实体经济的政策,资金信托对工商企业的配置比例一直持续上升,目前已成为信托资产的第一大配置领域。

就支持地方经济转型升级和顺应国家宏观调控的思路而言,地方信托业机构应动态调整主要业务板块的结构,加大对实体经济的支持力度,以务实创新支持中小企业和区域经济实现转型升级,如图 17 所示。

---

① 周小明:《信托业的发展逻辑:制度安排与市场选择——2012 年度中国信托业发展评析》,中国信托业网站,2013 年 2 月 7 日。

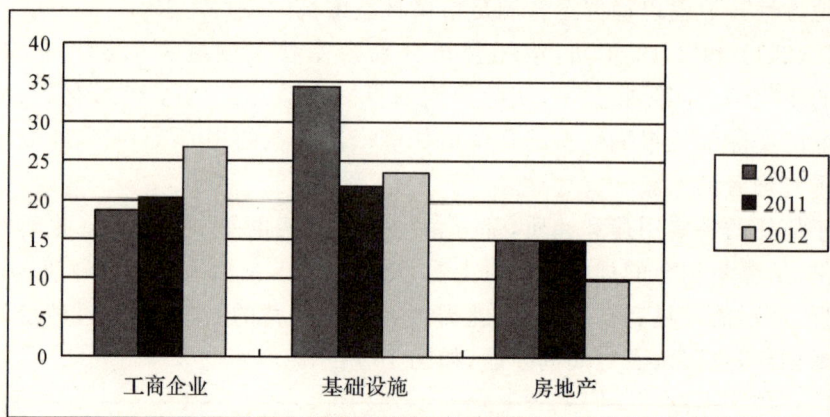

图 17　信托业资产配置(2010—2012)

（五）类金融业地方金融机构

1. 小额贷款公司需要切实加强风控

作为新型小微金融机构，近年来，浙江的小额贷款公司经历了长足的发展，机构数量由 2010 年末的 134 家增加到 2013 年第一季度的 273 家，增长了 104％，贷款余额由 2010 年末的 337.23 亿元增加到 2013 年第一季度的 775.63 亿元，增长了 130％，如图 18 所示。

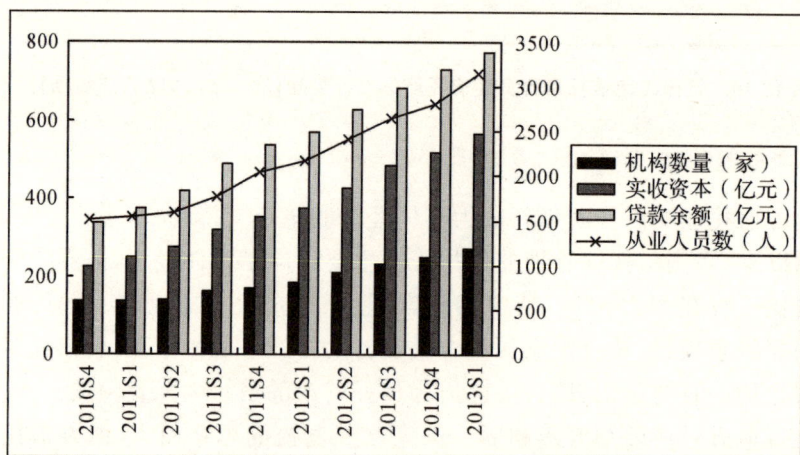

图 18　浙江小额贷款公司业务发展

数据来源：中国人民银行网站。

同时，浙江小额贷款公司的综合竞争力不断增强，在全国处于领先水平。2011 年和 2012 年，浙江分别有 8 家和 10 家小额贷款公司跻身中国小额信贷公司竞争力 100 强,2011 年度又有 5 家获得单项奖,浙江省人民政府金融工作办公室获得 2011 中国小额信贷最佳行业服务奖、海宁宏达小额贷款股份有限公司董事长沈国甫成为 2011 中国小额信贷年度人物,如表 6 所示。

表 6　中国小额信贷公司竞争力 100 强浙江公司名单(2011、2012)

公　司　名　称	2012	2011
瑞安华峰小额贷款股份有限公司	获奖	获奖
慈溪市融通小额贷款股份有限公司	获奖	获奖
海宁宏达小额贷款股份有限公司	获奖	获奖
湖州吴兴万邦小额贷款股份有限公司	获奖	获奖
东阳市金牛小额贷款有限公司	获奖	
绍兴县汇金小额贷款股份有限公司	获奖	获奖
诸暨市海博小额贷款有限公司	获奖	
杭州市江干区佑康小额贷款有限公司	获奖	获奖
杭州市高新区(滨江)东冠小额贷款股份有限公司	获奖	获奖
杭州市余杭区理想小额贷款股份有限公司	获奖	获奖
小计	10 家	8 家

资料来源:根据深圳新闻网报道整理。

　　但是另一方面,对于小额贷款公司而言,要特别注意自身的风险控制。原因在于,小额贷款公司虽然经营的是金融业务,但是并未获得金融机构牌照,没有纳入银监会监管范围,而是由省金融办监管,相比银行业地方金融机构,监管体系仍有待完善。为此,省金融办特别颁发了《关于开展小额贷款公司风险防控专项检查的通知》。通知中指出,2012 年以来,全省小贷公司不良率持续走高,到 2013 年 4 月末达到 1.14%。在银行贷款利率趋降的情况下,小贷公司贷款利率居高不下,2013 年 4 月末小贷公司平均年利率仍处 19.58%高位。省法院系统受理的小贷公司借款合同纠纷等案件呈上升趋势,小贷公司面临的经营风险趋于严峻。

　　因此,要做大做强小额贷款公司,首要的任务是要把好风险管理这一关。信贷业务要牢牢把握"支农支小、小额分散"的市场定位,不宜盲目追求规模,或者为了短期效益而提高借贷利率。

　　2.农村资金互助社要创新服务社员

　　作为新型农村金融机构,浙江的农村资金互助社以简便的方式、便捷的手续、最好的服务为农民生活必需、农业生产急需、农村发展切需提供了最大限度的支持,为解决农民融资,提升农村金融服务水平,促进农村经济发展做出了积极贡献。

表7　浙江农村资金互助社基本情况(2011)

选项	依托的合作社	专业合作社员数	农户社员数	入社率	企业贷款总额	农户	农户贷款户数	农户户均贷款	单一客户贷款集中度	企业存款总额	农户
玉麟	1	352	129	37	0	2134	67	31.9	28.1	120	402
欣禾	1	336	335	99	0	1647	94	17.5	13.0	439	1305
乾元	4	510	332	65	2134	2643	121	21.8	13.9	17.6	1593
桑盈	1	630	136	22	134	1612	62	26	14.8	342	1791
汇民	3	920	698	76	0	2105	135	15.6	11.6	149	1343
当湖	3	429	317	74	0	1146	74	15.5	6.5	12	1145
伏龙	0	开放	400		180	842	48	17.5		151	353
均值/总值	14	3320	2050	61.7	2268	12134	612	20.0	14.5	0	437

数据来源:郑宏、陈英,2012(2)。

另外,课题组通过对欣禾资金互助社实地调研,对互助社的运行机制有了比较深入的了解。以2012年1—6月为例,互助社总计发放信贷149笔,每月平均约25笔,总计发放贷款2221万元。

互助社信贷额度较小、利率水平相对优惠,具有鲜明的支农惠农特色。149笔贷款最小额度为3万,最大额度为50万,平均每笔贷款金额为14.91万元。从笔数上看,占比最大的是5万—10万(含10万),约占总笔数的一半,为46.98%,其次是5万及以下,占比12.75%。多数信贷利率水平参照当地农信社的水平,比基准利率上浮70%,占69.13%,其次是上浮65%和50%,分别占23.49%和6.04%,只有极少数的贷款上浮30%。尽管总体上浮比例在70%左右,但是考虑到没有其他费用和发放贷款的便捷性,综合的实际利率水平比较优惠。互助社资金采取封闭式运行,信贷对象全部为互助社社员。从资金具体用途看,以养殖和小本经营、创业为主。其中用于养殖的占比为61.09%,比例最高。

因此,对农村资金互助社而言,其今后的发展要通过业务创新和服务创新,更好地为社员提供贴心、周到的金融服务来实现。互助社的信贷门槛较低、覆盖面较广、手续较为简便,带有鲜明的普惠制金融特色,能够深入到农村农户,为支持农民创业创新,提高农民生活水平,调整农村经济结构做出积极贡献。

3.其他类金融机构要树立各自特色

此外,担保典当企业、租赁公司、网络金融机构等类金融机构几年来也经历了较快的发展,发挥着各自特定的金融功能,但也各自面临发展壮大的瓶颈。为此,这些地方金融机构要抓住当前推进金融市场化改革大趋势的历史机遇,发挥各自的优势,在特定的领域和细分市场能够做大做强。

　　值得一提的是,网络金融是当前发展的热点,尤其是以 P2P 借贷为代表的网络金融机构迅速遍地开花。P2P(peer-to-peer 或 person-to-person)网络借贷基于网络的渠道、信息技术及金融风控,为个人提供小微、短期的借贷服务,形式灵活多样,手续方便。网络金融机构要做大做强的要点是要在合规经营的前提下,进一步加强风控管理和信息安全,如表 8 所示。

表 8　P2P 网络借贷机构比较(2012)

机构名称	注册地	注册资金 (万元)	成交量 (万笔)	借款名义利率	年末贷款余额 (万元)
陆金所	上海市	42000	1.5	12.48%	11384
红岭创投	广东深圳	5000	14.9	18.54%	4285
全民贷	浙江杭州	2000	2.2	13.58%	18514
e 速贷	广东惠州	2000	5.5	21.27%	2485
中宝投资	浙江衢州	1000	11.4	19.91%	5622
盛融在线	广东广州	1000	17.8	9.90%	15393
人人贷	北京市	617	3.5	20.23%	16415
365 易贷	江苏南京	502	6.4	8.95%	26865
温州贷	浙江温州	500	21.8	21.51%	2233
非诚勿贷	浙江绍兴	500	1.5	15.65%	1967
微贷网	浙江杭州	500	1.9	15.93%	29372

数据来源:根据《中国 P2P 借贷服务行业白皮书》资料整理。

五、做大做强地方金融机构的前瞻思考

　　上文在对地方金融机构基本内涵、功能定位、空间布局的梳理和阐述的基础上,对银行、证券、保险、信托以及类金融五大板块及其主要类型的地方金融机构的发展现状、困难和前景进行了分析,依托各自特点提出了做大做强的重要举措和抓手。下面从不同层面,阐述做大做强地方金融机构的战略思考。

　　(一)重点支持非银行地方金融机构板块发展

　　从上文的分析看,银行类地方金融机构相对规模较大,实力较强,需要进一步巩固地位,根据各自定位,做强做精。而相对而言,证券、保险、信托等非银行业金融机构处于弱势,尽管私募基金、保险中介等地方金融机构数量众多,但是整体实力较弱。为此,在进一步发挥市场机制作用的前提下,地方政府可以通过财政税收

措施予以支持。

(二)重点支持合作性地方金融机构板块发展

从目前地方金融机构的经营性质看,绝大多数属于商业性金融机构范畴。尽管农信社系统曾经带有一定的合作性质,但随着股份制改革的推进,其商业性的属性日益突出。农村资金互助社是带有较多合作性的地方金融机构,扎根农村,服务三农,为深入开展普惠金融服务做出了积极贡献,应当予以更大的支持。

(三)重点支持创新型地方金融机构板块发展

金融创新是大势所趋,信息技术与网络渠道的融合是未来金融服务的重要方向,以 P2P 借贷为代表的网络金融机构发展大有前景。但是,这类创新型金融机构仍在法律、制度、治理、监管等层面有不少先天不足。为此,需要在进一步关注、研究的同时,鼓励其在实践中不断完善,为增加地方金融的活力做出积极贡献。

【参考文献】

[1] 周建松,姚星垣.基于国家战略的浙江地方银行业发展思考[J].浙江金融,2012(8).

[2] 郑宏,陈英.基于贷款需求下的农户参与农村资金互助社程度和行为考察——以浙江为例的实证研究[J].农村经济,2012(11).

[3] 第一财经新金融研究中心.中国 P2P 借贷服务行业白皮书 2013[M].北京:中国经济出版社,2013.

[4] 金学群.金融发展理论:一个文献综述[J].当代经济科学,2003,25(6).

[5] 陈晓枫,叶李伟.金融发展理论的变迁与创新[J].福建师范大学学报(哲学社会科学版),2007(3).

[6] KING R G, LEVINE R. Finance and growth:Schumpeter might be right[J]. The World BANK,1993,108(3).

浙江省农村金融可持续发展战略研究①

◎吴　　胜

党的十六届五中全会提出了建设社会主义新农村的重大历史任务,党的十七大明确提出要"推进社会主义新农村建设",以此从根本上解决"三农"问题。建设新农村极大地促进了县域和"三农"经济的持续快速发展,拉动了县域农村多元化的金融服务需求,无疑为农村金融机构的业务拓展和发展壮大带来了广阔的空间。新农村建设也需要持久的金融支持、多元化的金融服务,各级党委政府对新农村建设重视,也为农村金融发展带来了政策机遇。党中央、国务院高度重视发挥农村金融在服务"三农"中的核心作用,坚定不移地推进了包括农村信用社深化改革在内的一系列重要体制机制改革,落实和完善了大批财税、金融扶持政策。在未来相当长的一段时期,我国县域农村经济社会发展仍将处于可以大有作为的重要战略机遇期,为了更好地发挥金融对解决"三农"问题的服务支持功能,发展普惠金融,推进农村金融的可持续发展尤为重要。

一、浙江农村金融改革与发展概况

(一)多层次农村金融组织体系不断完善,金融服务能力显著提升

为了适应市场经济条件下农村经济的发展,浙江农村金融服务的组织体系逐渐由单一的国家银行系统分化改组成合作性金融、政策性金融、商业性金融三大构成体系,且不断完善。经过 60 余年的发展,浙江农村信用社已经成为支持全省经济社会发展的农村金融主力军,全省农村信用社系统 81 家县(市、区)行社拥有4100 多个营业网点,46000 多名员工,综合实力名列前茅,勇挑支农支小重担。据浙江金融统计年鉴,到 2011 年末,农村信用社各项存款余额 8931.27 亿元,居全省银行业第一,比年初增加 1122.04 亿元,增长 14.37%,增量居全省第一,占全省存

---

①　项目资助:浙江省金融教育基金会 2012 年度重点项目(2012Z05),课题负责人:吴胜,课题组成员:凌海波、郑煜。

款总增量的 1/6；各项贷款余额 6396.60 亿元，居全省银行业第二，比年初增加 932.13 亿元，增长 17.06%，增量居全省第一，占全省贷款增量的 1/7，承担了全省二分之一的农业贷款和近四分之一的小企业贷款。其中，涉农贷款余额 4402.51 亿元，增长 18.54%，小企业贷款余额 2928.7 亿元，增长 19.69%，两项贷款增速均高于全部贷款增速，支农支小贷款存量、历年增量、服务覆盖面均居全省银行业第一；资产总额达 10969.95 亿元，占全国农村信用社系统的 10% 以上，综合实力进一步提升。

中国农业银行、中国邮政储蓄银行、中国农业发展银行服务三农力度进一步加大。中国农业银行"三农金融事业部制"改革在浙江稳步开展，把农业银行县域支行真正改造成为自主经营、自求平衡、自我约束、自负盈亏的"三农金融事业部"经营单元。2008 年以来，农行浙江省分行针对广大农户，陆续推出"金穗惠农通""金穗惠农卡""农户小额贷款""农村个人生产经营贷款"等特色金融产品。目前，该行直接面向"三农"服务的县域营业网点 494 个，占全行营业网点总数的 53%，县域机构员工数量为 10356 人，占全行员工总数的 46.65%，2009 年以来，"三农"贷款累计增加 1274.49 亿元，增幅 103.59%，高出全行贷款增幅 15.93 个百分点[①]。

服务"三农"是国务院、监管部门赋予邮储银行的基本定位，邮储银行认真落实省委、省政府"强农惠农富农"政策导向，积极创新信贷支农方式，全面推行信贷员下沉网点、信贷员送贷到乡等新举措，努力拓宽林权、农房、渔船等新型涉农抵押贷款的服务覆盖面，试点并推广银行卡助农取款服务。到 2011 年末，涉农贷款余额 213.14 亿元，在省内 63 个县（市、区）的 9433 个行政村设立银行卡助农取款服务点，行政村覆盖率达 46%，县域金融服务在信贷满足率、服务覆盖率和满意率等方面得到明显改善。中国农业发展银行浙江省分行坚持"两轮驱动"业务发展战略，充分发挥政策性银行优势，一方面打造粮棉油全产业链主导银行品牌，另一方面打造新农村建设主导银行品牌，重点支持以新农村建设和水利建设为重点的农业农村基础设施建设。以 2011 年为例，累计发放粮棉油贷款 54.42 亿元，化肥、肉等储备贷款 10.01 亿元，中长期贷款 137.61 亿元。

村镇银行等新型农村金融机构和小额贷款公司等布局加快。到 2011 年底，全省组建村镇银行 38 家，贷款公司 1 家，农村资金互助社 7 家，提前完成 3 年 30 家新型农村金融机构发展规划。新型农村金融机构支农作用初显，截至 2011 年末，全省新型农村金融机构各项存款余额达 207.2 亿元，各项贷款余额 232.7 亿元。其中，农户贷款 24641 户，占比 41.6%，户均贷款余额 39 万元，小企业贷款户数

---

① 王春芳：《农行浙江省分行惠利"三农"帮协企业》，《浙江法制报》第 21 版，2012 年 10 月 18 日。

4045户,占比49.5%,户均贷款余额285万元。到2013年9月末,全省设立小额贷款公司数达301家,实收资本624.85亿元,贷款余额862.95亿元,小额贷款公司的机构数量、资本实力及融资服务能力都有较快增长。随着县域经济的大发展,其他商业银行也纷纷跟进抢滩农村金融市场,加快向下延伸网点和业务。至此,浙江省农村金融市场逐步形成了以农村中小金融机构为龙头,农行、农发行和邮储银行为机翼,其他金融机构跟进的"多轮驱动"大格局。

(二)农村金融改革不断深化,农村金融服务覆盖面逐步扩大

要从根本上解决当前农村金融中的突出问题,不能局限于对当前农村金融服务体系的小修小补,必须从农村金融体系的整体着眼,推行全面的农村金融改革。在银监会和省委省政府的正确领导下,农村信用社改革不断深化,逐步形成与市场经济相一致的产权制度和治理结构,真正成为农村金融的主力军。2005年我省完成第一轮农村合作金融机构改革,并于2008年6月全面完成县、乡两级法人改制县一级法人工作,推进农村合作金融机构产权制度改革,同时全额完成37.64亿元央行票据兑付工作。近年来,推进农信社股份制改造已成趋势,绍兴瑞丰农商银行、杭州联合农商银行、临海农商银行等已挂牌。"十二五"时期,浙江农信系统将实施"一条道路、两场革命"战略构想,打响"浙江农信"品牌,将自身打造成为"服务三农的主力银行、支持小微企业的伙伴银行、便民快捷的社区银行、个性鲜明的特色银行、稳健经营的平安银行和协调发展的和谐银行"。

作为总行首批"三农金融事业部制"改革试点单位,2008年5月,农行省分行在金华市分行开展了"三农金融事业部制"改革试点工作,2009年农行省分行在试点的基础上,全面推进和深化"三农金融事业部制"改革,将全省53家县域支行纳入事业分部,设立事业分部组织机构,在省分行成立农村产业金融部、农户金融部两个前台部门和五大中后台支持中心[①],形成以管理委员会为决策主体、以前台部门为营销管理主体、以县域支行为基本经营单元、以中后台五大中心为支撑的经营管理服务新模式。在此基础上,围绕"面向三农、商业运作"要求,实施"三农"绩效考核,专门下达"三农"综合业务经营计划,明确要求县域贷款增速不低于全行平均水平,推行确保县域优先发展的费用和固定资产配置政策。中国农业发展银行浙江省分行内部改革持续深化,重点加大对农村改革发展重点领域和薄弱环节的信贷支持,大力开展农业开发土地规模化整理和农村基础设施建设中长期信贷业务。同时,监管部门鼓励辖内大型银行和各商业银行通过多种方式开办农村金融业务,参与农村金融市场竞争。

---

① 以县支行为基本单元,按照"领导小组+事业部+支持中心"的模式设立"三农"人力资源管理、"三农"考核评价、"三农"信贷管理、"三农"会计核算、"三农"风险监控五大中心。

银监会推动实施的农村金融服务空白网点全覆盖"三年规划",无疑是破解城乡金融失衡,推进农村金融服务均等化的一项有力举措。浙江在监管部门、地方政府及有关部门的共同推动下,于2010年全面消除159个基础金融服务空白乡镇,成为全国首批实现建制乡镇金融网点全覆盖的省份。近年来,省内县以下机构网点和服务设施布设力度明显加快,农村金融服务日益便利,在金融支农的重要方面,辖内银行机构都予以了高度重视。以支付结算服务为例,针对农村金融网点少,农民取现难的问题,作为全国试点,丽水于2010年7月创新开展银行卡助农取款服务工作,在农村便利店设立服务点,布放专用POS机,让广大农民就近支取基础养老金等各种涉农补贴资金,解决农村最广泛、最迫切、最基本的支付服务需求,并在全市农村推行各种补贴发放、小额取现、代理转账和缴费业务"一卡通",全市有2114个行政村设立了服务点,完成了对行政村的全覆盖。

(三)丽水农村金融改革成效突出,农村金融服务不断创新

由于我国农村经济区域发展不平衡,差异大,涉及面广,通过选择一些地区开展农村金融改革试点,综合协调地方政府、金融部门和市场主体,共同探索农村金融科学发展的新举措、新路径,建立成本低、覆盖广、可持续、风险可控、适度竞争的现代农村金融体系,形成易于复制推广的金融改革创新模式和范本,具有非常重要的战略意义和指导意义。2012年3月末,丽水农村金融改革试点获批,与温州金融综合改革一道成为推动浙江金融改革和发展的两大推手。丽水从原有的林权抵押贷款、农村信用体系建设、助农取款服务三大亮点发展成为信贷支农、信用惠农、支付便农、创新利农的"四农"工程,从单一创新向综合性改革推进,改革的集群效应进一步凸显,并初步形成了金融支农惠农富农的"丽水模式",近三年来,涉农贷款平均增速达到25%,高出全省平均水平5.4个百分点,农民对新农村建设的满意度连续四年居全省首位。此外,丽水农村金融改革试点的意义并不局限于经济金融范畴,其已逐步升华为具有促进和提升社会管理水平的巨大功能。如信用体系建设在农村地区实现全覆盖,从金融角度夯实了社会管理功能,营造出非常良好的社会环境;助农取款服务打通了涉农补贴发放"最后一公里",基本解决了最弱势群体的取款难问题,真正体现了惠民生;保险服务民生工程强化了金融对社会、对农民的"造血"功能,有效解决了低收入农户脱贫问题,促进了社会和谐稳定。

农村金融机构要不断进行农村金融服务创新。如在贷款方面,一方面着力扩大农户小额贷款投放,积极发展农村小额信用贷款和农户联保贷款,开发多样化小额信贷产品,努力满足农民多元化信贷需求。如省农信联社与团省委合作于2008年创新推出农村青年创业小额贷款,支持农村青年创业;积极推进农业龙头企业和农民专业合作社贷款、金惠惠农卡和丰收小额贷款卡等业务的发展。另一方面创新贷款担保方式,扩大有效担保范围,同时加强与地方政府部门及中介机构合作,

开展政府、中介机构、产业化企业信贷担保创新,解决农村贷款担保缺失问题。如农村土地承包经营权、农房、林权、海域使用权、集体非农土地使用权、渔船捕捞证、大型农机具、排污收费权、扶贫基金等抵质押贷款业务。如在服务意识方面,辖内金融机构逐步树立现代农村金融服务意识,主动宣传金融知识,上门提供金融服务。如省农信联社自 2008 年在全系统开展"走千家、访万户、共成长""万名农信干部下基层办实事"等活动,发动全系统领导干部和信贷人员深入乡村基层,积极倾听农村客户的想法和需求,三年间走访农户 539.15 万户次,建档 368.50 万户,走访企业 34.73 万户次,建档 18.41 万户。如在金融服务类型方面,除传统的存贷款业务外,金融机构可在农村地区更多地开展银行卡、支付结算、代理保险等一揽子金融服务。

二、当前浙江农村金融发展面临的经济金融新形势

(一)县域经济在全省具有重要地位,县域农业经济地位尤其突出

浙江县域经济总量已具有较大规模,在全省经济中具有重要地位,县域农业经济的地位尤其突出。"十二五"初即 2011 年浙江县域经济生产总值达到 16601.4 亿元,是"十五"末即 2005 年 7122.8 亿元的 2.33 倍,年均增长 11.16%。从相对份额来看,自"十五"末的 2005 年以来,浙江县域经济的生产总值占全省比重均超过 52%,其中,第一产业的生产总值中县域占比超过 72%,且有占比提高的趋势,凸显了县域农林牧渔业经济的重要性,第二产业占比超过 55%,工业占比超过 55%,第三产业占比接近 45%(见表 1)。可见,发展农业经济的任务主要落实在县域,这也是解决"三农"之农业问题关键所在,农村金融服务支持县域农业经济发展应特别受到重视。

表 1 县域经济在全省的地位概况(2005—2011) 单位:亿元、%

年份	生产总值		第一产业		第二产业			第三产业	
	规模	占比	规模	占比	规模	占比	工业占比	规模	占比
2005	7122.8	52.87	639.4	72.06	3989.5	55.17	55.94	2493.9	46.59
2007	9840.3	52.82	719.5	72.66	5685.8	56.20	56.87	3453.1	45.80
2009	11947.5	53.25	860.7	73.62	6671.4	57.41	57.95	4415.5	45.78
2011	16601.4	52.39	1165.8	74.24	9209.3	55.72	56.23	6226.3	45.82

数据来源:浙江统计年鉴(2006、2008、2010、2012),县域指浙江省 11 个地级市市区(含市辖区)外的 58 个县(县级市、自治县),占比指县域占全省的比重。

县域经济总体产业结构处于"二三一"阶段,其中第二产业以工业为主。第一产业生产总值占比已低于 10%,且有下降趋势,到 2011 年底仅略高于 7%;第二产

业占比仍超过50％,有降低态势,到2011年底略超过55％,其中以工业为主,占比接近90％;第三产业占比超过35％,且呈升高态势,2011年底为37.50％(见表2)。

表2　浙江省县域经济增长与产业结构　　　　单位:亿元、%

年份	第一产业		第二产业			第三产业	
	规模	占比	规模	占比	工业占比	规模	占比
2005	639.4	8.98	3989.5	56.01	89.93	2493.9	35.01
2007	719.5	7.31	5685.8	57.78	90.79	3453.1	35.09
2009	860.7	7.20	6671.4	55.84	89.71	4415.5	36.96
2011	1165.8	7.02	9209.3	55.47	89.48	6226.3	37.50

数据来源:同表1,占比指各产业产值占总产值的比重,工业占比指工业产值占第二产业的比重。

(二)县域间经济总量差距大,产业结构存在显著差异

以2011年底浙江省各县域生产总值排序,生产总值200亿元以内的县域有23个,在200亿—400亿元之间的有23个,400亿元以上的有12个。其中,生产总值最高的绍兴县931.8亿元是最低的景宁自治县32.4亿元的28.76倍,生产总值100亿元以下的县域有13个,占全省县域总数的22.41％,生产总值600亿元以上的县域有6个,占全省县域总数10.35％(见表3)。

表3　按生产总值排序的浙江省县域结构　　　　单位:亿元、个、%

总值区间	平均规模	最小	最大	县域数量	数量占比
(0,100)	56.5	32.4	92.4	13	22.41
[100,200)	140.2	119.8	153.1	10	17.24
[200,300)	243.9	203.2	294.9	12	20.69
[300,400)	345.2	318.2	393.4	11	18.97
[400,600)	520.7	483.8	571.2	6	10.34
[600,800)	701.8	658.8	740.0	4	6.90
[800,1000)	904.5	877.2	931.8	2	3.45

数据来源:浙江统计年鉴(2012)。

分别以2011年底第一、第二和第三产业占比排序的县域分布见表4。若以第一产业占比排序,占比在5％以内的县域有11个,占比低于总体平均7％以下的县域有20个,占比在10％以上的县域有19个,其中有8个县域第一产业占比在15％以上,嵊泗县占比最高为25.17％,永康市占比最低为2.36％;若以第二产业占比排序,占比在40％以下的县域仅有4个,占比在40％—55％间的县域有26

个,占比在 55% 以上的县域有 28 个,其中有 12 个县域的第二产业占比超过 60%,永康市占比最高,为 63.58%,嵊泗县占比最低,为 13.64%;若以第三产业占比排序,占比在 25%—35% 间的县域有 21 个,占比在 35%—40% 间的县域有 22 个,占比在 40% 以上的县域有 15 个,其中有 5 个县域的第三产业占比超过 50%,嵊泗县占比最高,为 61.20%,岱山县占比最低,为 28.97%(见表 4)。

基于上述分析,农村金融服务支持县域经济发展,要因地制宜,考虑到县域经济总量及其产业结构的差异。

表 4　按产业占比排序的县域分布概况　　　　　　　　单位:%、个

第一产业占比排序			第二产业占比排序			第三产业占比排序		
区间	县域数量	占比	区间	县域数量	占比	区间	县域数量	占比
(0,5)	11	18.97	(10,40)	4	6.90	(25,35)	21	36.21
[5,7)	9	15.52	[40,50)	16	27.59	[35,40)	22	37.93
[7,10)	19	32.76	[50,55)	10	17.24	[40,45)	7	12.07
[10,15)	11	18.97	[55,60)	16	27.59	[45,50)	3	5.17
[15,30)	8	13.79	[60,65)	12	20.69	[50,65)	5	8.62

数据来源:浙江统计年鉴(2012)。

(三)"十二五"规划为浙江县域经济发展和社会主义新农村建设树立了目标

《浙江省国民经济和社会发展第十二个五年规划纲要》(以下简称"十二五"规划)指出,浙江发展现代农业主要是三个方面:一是加快建设"两区",即粮食生产功能区和现代农业园区;二是做强做优特色精品农业,提升壮大蔬菜、茶叶、果品、畜牧、水产养殖、竹木、中药材、食用菌、花卉苗木、蚕桑等十大农业主导产业;三是强化农业社会化服务,主要体现在完善县乡两级农业公共服务体系,大力支持农业企业、专业合作社、专业大户开展各类专业化服务,大力推进农产品批发市场、农产品展示展销中心和鲜活农产品配送中心建设,组建现代农村信息综合服务体系等方面。

第二产业是浙江县域经济的主体产业,占比最高,发挥好农村金融的支持作用理应受到重视。"十二五"规划指出浙江发展第二产业主要有三个方面:一是发展壮大优势产业,如大力发展汽车、装备、医药等资金和技术密集型产业,择优发展石化、船舶、钢铁等现代临港工业,着力引进和组织实施一批投资规模大、产业关联强、附加值高的重大项目;二是加快培育现代产业集群,促进块状经济产业链纵向延伸和横向拓展,加快块状经济向现代产业集群转型升级;三是培育发展龙头骨干

企业,加快形成一批主业突出、核心竞争力强的大企业大集团,一批"专、精、特、新"的行业龙头企业,一批拥有自主知识产权和品牌的创新型企业,支持有条件的企业向跨国公司发展,引进发展一批带动力强、技术含量高的大型工业企业和项目,深入实施中小企业成长"百千万工程",扶持发展微型企业。

县域经济第三产业的生产总值比重已介于第一和第二产业之间,占比向40%接近,未来可能具有较大的增长空间。"十二五"规划指出浙江发展第三产业有三个方面:一是加快发展现代服务业,突出提升重点行业,重点行业主要包括现代商贸、金融服务、现代物流、信息服务、科技服务、商务服务、旅游、文化服务、房地产、社区服务及服务外包等;二是培育和拓展服务市场需求,促进生产性服务业集聚发展、生活性服务业提升发展;三是围绕培育新的经济增长点,积极发展研发设计、文化创意、总部经济、节能环保服务等新兴服务业和高端服务业。

根据"十二五"规划,浙江在新农村建设方面,将扎实推进"美丽乡村"建设,培育200个中心镇,建成一批管理水平高、集聚能力强、服务功能全的现代小城市。培育建设2500个左右的中心村,基本完成对规划保留、尚未整治的10000个左右一般行政村的环境综合整治,保护文化特色村。大力发展乡村生态旅游,积极发展休闲观光农业、农家乐、森林旅游和农村服务业。综上所述,"十二五"规划的目标导向为农村金融服务支持县域经济发展指明了具体方向。

(四)发展普惠金融已成为农村金融可持续发展的应有之意

浙江金融业面临新挑战和困难,其中突出的问题表现为小微企业多、融资难和民间资金多、投资难的"两多两难"问题,以及三农需求大、融资难和城乡差距大、普惠难的"两大两难"问题。"两多两难"和"两大两难"在全省以及全国也都是普遍性的问题。在目前城乡金融发展差距大的情况下,特别是低收入贫困农户、农村个体工商户、县域中小微企业、规模种养殖户、农业产业化企业、农民专业合作社等难以获得所需的金融服务,需要大力推进普惠金融发展。普惠金融是2005年国际小额信贷年宣传时广泛使用的一个词语,联合国2006年发布的《"建设普惠金融体系"蓝皮书》认为,普惠金融的目标是:在健全的政策、法律和监管框架下,每一个发展中国家都应有一整套的金融机构体系,以合理的价格共同为所有阶层的人口提供合适的金融产品和服务。

农村金融服务全覆盖是我国金融体系可持续发展的内在要求。推进金融服务均等化,有效、全方位为社会所有阶层和群体提供基础金融服务,尤其是为目前金融体系并没有覆盖的农村提供有效服务,其社会意义不言而喻。从丽水农村金融改革的方案和实践来看,加强农村金融的普惠作用是农村金融改革的方向,也是改革的重点与难点。2013年7月3日,浙江省农信联社宣布启动《"浙江农信普惠金融工程"三年(2013—2015)行动计划》,未来3年,浙江农信将围绕"创业普惠、便捷普惠、阳光普惠"三大目标,积极开展"网络覆盖、基础强化、扶贫帮困、感恩回馈和创新升级"五大行动,努力构建"基础金融不出村,综合金融不出镇"的服务体系。

（五）高层对农村金融改革的基本方向和目标要求已基本明确

农村金融机构一般是服务县域金融市场,基本上每个县域都有属于自己辖区内的农村金融机构。随着农村金融业的发展,让农村金融机构做深县域金融市场,扩大覆盖面,将金融服务延伸到小微企业和低收入农户,实现普惠金融是今后农村金融改革的基本方向和目标要求。在农村金融未来改革方面,2011年8月2日,中国银监会就近年来农村信用社改革发展情况举行专题发布会时指出,未来5年时间里,将全面推进农信社股份制改革,并全面清退资格股,形成现代农村金融机构治理机制,并且不再组建新的农村合作银行,现有农村合作银行要全部改制为农村商业银行。中国银监会正式确立了农村信用社的股份制改革方向,澄清并认可了农村信用社不是合作制的历史和现实,也为未来发展真正意义上的农村合作金融企业留下了空间。在2011年中央经济工作会议公报上,提出深化农村信用社改革,积极培育面向小型微型企业和"三农"的金融机构,农村信用社无论怎么改,都必须服务"三农"的底线。为贯彻落实《国务院关于鼓励和引导民间投资健康发展的若干意见》（国发〔2010〕13号）,鼓励和引导民间资本进入银行业,加强对民间投资的融资支持,2012年5月,中国银监会颁布实施《关于鼓励和引导民间资本进入银行业的实施意见》（银监发〔2012〕27号）,意见对推动民间资本股权投资农信社、村镇银行、农村资金互助社和小额贷款公司转制村镇银行及银行业满足小型微型企业融资需求等进行了具体规定。

三、浙江农村金融可持续发展战略

（一）以适度竞争市场为标准,合理布局县域农村金融组织机构

竞争是优化资源配置和激发改革创新内在动力的客观要求,基于金融业的特点,适度竞争是构建多层次多形式农村金融组织体系的关键所在。一是深化农村信用社股份制改革,增强资本实力,完善法人治理结构,切实提高农村信用社的市场主体素质,坚持县域法人地位和为"三农"服务的经营方向不变,深化金融服务内涵;二是支持和推动邮政储蓄银行利用城乡网点优势,加快业务转型,着力培育农村金融市场主要竞争力量,激发市场活力;三是支持和鼓励中国农业银行及各股份制商业银行开展金融支农产品下乡与服务创新,积极参与农村金融市场竞争,促进市场格局多元化;四是稳步推进村镇银行等新型农村金融机构和小额贷款公司实现县域全覆盖,引导小额贷款公司规范有序发展,强化地方政府监管职责;五是鼓励有条件的县域建立社区银行,更好地贴近基层、贴近农户,提供综合金融服务;六是适当降低设立门槛和监管标准,鼓励社会资本和民间资本在县域发起或参与设

立民营银行。

（二）以提高金融覆盖率为目标，创新县域农村金融产品和服务

普惠金融是金融发展的目标，提高金融覆盖率，让金融服务弱势群体也能享有金融服务，可以借鉴丽水农村金融改革的试点经验，创新县域金融产品和服务。一方面，要积极开发适合县域中小企业经营和融资特点的金融产品和信贷模式。要进一步深化中小企业抵押担保方式创新，完善动产、应收账款等质押贷款业务；进一步扩大股权、专利权、商标专用权等抵质押贷款覆盖面，探索开展排污权、海域使用权等抵押贷款试点；大力发展金融仓储和供应链金融服务模式；加强与电子商务企业、第三方支付服务组织等的合作，积极发展网络联贷联保等中小企业网络融资产品。另一方面，结合浙江"三农"发展特点，有重点地开展涉农金融产品和服务方式创新。进一步拓展涉农贷款的抵质押范围，扎实推进林权抵押贷款扩面增量，积极发展"公司＋农户""公司＋中介组织＋农户""公司＋专业市场＋农户"等信贷模式，充分发挥农业产业化、规模化经营的风险分散优势和辐射带动作用。

（三）以"十二五"规划为指引，发挥好金融支持县域实体经济发展的功能

"十二五"规划对浙江省"十二五"时期县域经济第一、二、三产业发展重点和新农村建设要求等均有明确的目标导向，实现规划目标，需要金融支持，且在融资特点上，既有短期流动资金贷款需求，也有长期固定资产贷款需求，既有小额，也有大额。如前分析，浙江县域之间的经济总量差距较大，各地产业结构也具有显著差异。因此，发挥好县域农村金融的支持服务功能，需要引导省内各类涉农金融机构根据自身特点和县域当地实际情况，因地制宜，有选择地对农业"两区"建设、农业主导产业发展、农业社会化服务、县域二、三产业、产业集群、农田水利、农房改造等提供融资和其他金融服务。此类县域产业经济和新农村建设项目是政府规划和优先发展的，加大金融支持和服务，符合各方的利益。

（四）以推动农村金融发展为导向，构建农村金融政策扶持体系

按照市场原则和信贷资金运动规律，金融体系对农村金融服务的供给，客观上缺乏内在动力，需要施以差异化的政策激励措施，以增强金融体系服务农村的积极性、主动性，科学合理地协调好农村金融机构服务"三农"政策性目标与商业化目标的矛盾。一是建立金融支农正向激励机制。对银行机构向农村乡镇及以下地区延伸机构网点予以财政补助和税收优惠，对纯农业贷款和农户小额贷款实行财政贴息和差别税率，建立和完善金融支农产品与服务创新奖励制度。二是建立金融基础设施建设先行投入机制，由地方政府出资建立健全区域性涉农产权流转平台及配套服务机构，并出台支持涉农产权流转交易的优惠政策。完善扶持农村担保体系建设的相关政策，加大对农村普惠型金融综合服务网络建设的财政支持力度。三是完善金融支农风险补偿机制。进一步完善农业贷款和小企业贷款风险补偿制

度,强化金融"支农支小"政策激励,扩大农业政策性保险覆盖面,探索建立农业大灾风险准备金,创新民生性保险政策补偿制度,不断完善金融风险分散机制。四是发挥地方政府在促进农村金融发展中的积极作用。落实地方政府对农村信用社、小额贷款公司等地方性金融的管理责任。发挥地方政府在创建良好地方金融生态环境中的作用,配合中央监管部门做好农村地区金融风险防范和处置工作。五是充分发挥地方财税杠杆作用,通过出台适当的财税扶持政策,引导金融信贷资金在农村地区增加投入,推动机构扩大"三农"服务。

（五）以加强基础设施建设为抓手,优化农村金融改革发展环境

金融基础设施是金融改革发展的基础,也是决定金融改革发展是否可持续的关键。农村金融基础设施建设内容多、底子薄、投入大、涉及面广、持续时间长,不可能齐头并进,为此要充分发挥地方政府与金融系统的合力作用,坚持政府扶持与市场运作相结合,突出重点,先急后缓,有序推进。一是推广丽水农村金融改革的经验做法,加快推进农村信用体系建设,积极推广信用户、信用企业、信用村、信用乡镇建设,提高农民的信用意识,建立健全农村信用体系建设长效机制,优化金融生态的信用环境。二是加快推进农村担保体系建设。在完善区域性农村产权流转平台建设的基础上,采取地方政府注资、企业入股的方式组建行业性或专业性农村融资担保机构,重点为林权土地承包经营权、农房等涉农物权流转以及农业产业化发展提供融资担保,初步形成形式多样、规模适中、布局合理、与当地特色产业及产业化发展水平相匹配的农村融资担保体系。三是构建农村普惠型金融综合服务网络。按照"集合功能、拓展业务"的原则,全面推进农村金融综合服务站建设,以各行政村的助农取款服务点为依托,推行农村反假货币工作点、村邮站、"惠农通"服务点等"多点合一",促进优势互补,完善金融综合服务功能。四是持续深化农村支付体系建设,加快推进大、小额支付系统向农村银行网点覆盖,大力推广"三票一卡"等非现金支付工具在农村地区的普及应用,加大POS机、ATM机等自助终端在农村乡镇及以下地区的布放力度,着力改善农村银行卡受理环境。五是加强对现代技术手段的应用。计算机和移动通信技术快速发展及其在金融服务领域的广泛应用,为在农村地区扩展低成本、低风险的基础金融服务提供了条件。六是强化相关农村金融法制建设,夯实金融生态的制度基础。

【参考文献】

[1] 陈明亮.财政支持农村金融发展的路径研究——以浙江丽水为例[J].浙江金融,2013(4).

[2] 杜晓山.小额信贷与普惠金融体系[J].中国金融,2010(10).

[3] 孔祖根.打造普惠型农村金融模式[J].中国金融,2013(5).

[4] 孔祖根,叶银龙.构建适度竞争的农村金融组织体系:目标与路径[J].浙江金融,2013(6).

[5] 李庚南,金永祥.可持续——农村金融服务全覆盖的核心课题[J].中国农村金融,2011(14).

[6] 汤春玉.推进丽水农村金融改革试点的路径选择[J].上海金融,2013(1).

[7] 汤敏.普惠型金融与农村金融改革[J].中国金融,2012(16).

[8] 姚世新.积极有为履职 打造新型浙江农信[J].中国农村金融,2012(22).

[9] 张建华.丽水金改破解金融支农瓶颈[J].中国金融家,2013(5).

[10] 浙江银监局.农村金融服务创新专题报告[J].浙江金融,2010(8).

[11]《浙江金融年鉴》编辑委员会.浙江金融年鉴[M].杭州:浙江人民出版社,2013.

第 二 篇

地方金融改革前沿

浙江省保险业助推地方经济转型升级对策研究
——以温州金改为例[①]

◎沈洁颖

摘　要:加快转变经济发展方式、实现经济转型升级是我国"十二五"时期经济工作的主线和重点。保险业作为现代金融的支柱产业,在服务地方经济发展方式转变、助推经济转型升级过程中具有不可替代的功能和作用。文章围绕现代保险业的功能创新,深入分析了保险业在服务地方经济转型过程中所发挥的作用及支持路径,重点分析了温州金改以来,保险业助推温州金改试验区建设的情况及今后发展趋势,最后总结归纳了保险业支持地方经济转型升级几点对策建议。

关键词:保险　转型升级　资金融通　社会管理　温州金改

2006 年,国务院发布《关于保险业改革发展的若干意见》,从国家经济社会发展全局的高度,深刻分析了加快保险业发展的重要意义,明确了保险业的战略地位。在加快转变经济发展方式、实现经济转型升级成为我国经济主旋律的背景下,研究保险业如何更好地服务地方经济建设,促进地方经济加快转型升级意义重大。

一、现代保险业功能的演变

保险源于风险,无风险即无保险。自从 1347 年诞生的第一张船舶保险单开始,保险就因风险保障、经济补偿这一天然职责而存在。然而随着现代经济社会的发展,保险业除了经济补偿这一基本职能之外,又衍生了更多的社会经济职责与功能,主要表现为:

(一)资金融通功能

随着保险业务规模的逐步扩大,通过聚集众多投保人的保费所建立的保险基金汇集了大量的资金,这些资金具有期限长、规模大的特点。内生的投资需求促使

---

　　① 项目资助:浙江省金融教育基金会 2012 年度一般项目(2012Y17),课题负责人:沈洁颖,课题组成员:彭叶、朱佳。

保险业在保证资金使用安全性的前提下,需妥善运作资金,以达到保值增值的目的,故保险业又增加了资金融通功能。保险公司可在聚集资金、提供金融中介服务、繁荣资本市场、管理金融资产、投资实体经济等方面发挥积极的作用与功效。目前,保险公司已经成为我国债券市场的第二大机构投资者和股票市场的重要机构投资者[①]。截至2012年底,保险资金运用余额达6.85万亿,其中债券投资3.06万亿,股票和基金8080亿。同时,一些规模较大的保险公司还开展了对商业银行的直接股权投资。如,中国人寿股份公司投资广东发展银行86.7亿元、平安保险集团投资深圳市商业银行49亿元。

（二）社会管理功能

现代保险的社会管理功能是保险业发展到一定程度并深入社会生活的各个层面之后产生的一项重要功能[②]。它是指通过发挥保险的内在功能与特性,促进经济社会的和谐稳定及社会各领域的正常运转和有序发展。保险是通过经济杠杆管理化解社会矛盾的有效途径,其所提供的已经不仅仅是产品和服务,而已成为一种有利于社会安全稳定的制度安排,渗透到经济的各行各业、社会的各个领域和生活的各个方面,它在参与社会保障管理、社会风险管理、社会关系管理及社会信用管理等方面发挥着积极的作用。

二、保险业在地方经济转型升级过程中所起的作用

保险作为一种市场化的风险保障机制、社会互助机制和社会管理机制,在助推地方经济转型升级、调整和优化产业结构过程中具有积极的促进作用。主要体现为以下几个方面:

（一）促进经济转型升级的"助推器"

"十二五"期间,转型升级将成为推动我国社会经济发展的关键词。从经济领域看,由科技创新、循环经济、国土资源利用、转变发展方式等推动的结构调整和产业升级必将产生新的、大量的风险,需要保险业为之提供风险保障。

1. 防灾防损,熨平波动

保险是市场经济条件下风险管理的基本手段。保险公司利用其自身风险管理的专业优势,对承保企业所面临的风险进行科学分析并提供合理化的风险管理建议,以尽可能减少保险事故发生的频率,降低损失程度,从而减少社会财富总体的损失。当被保险人发生保险事故后,保险公司通过及时有效的灾害赔付,帮助企业迅速恢复生产,避免生产经营出现剧烈波动,从而保障企业生产经营的稳定性。特

---

① 吴定富:《我国保险业的改革发展和监管实践》,《行政管理改革》,2010年第11期,第29页。
② 彭芳:《论保险功能的演进及发展》,《知识经济》,2011年第4期,第37页。

别是在一些重大灾害事故发生后,保险赔付在企业灾后重建、积极恢复生产方面发挥了重要作用。2010 年,保险公司赔付支出累计 4800.43 亿元,较好地服务了地方经济社会的发展,如图 1 所示。

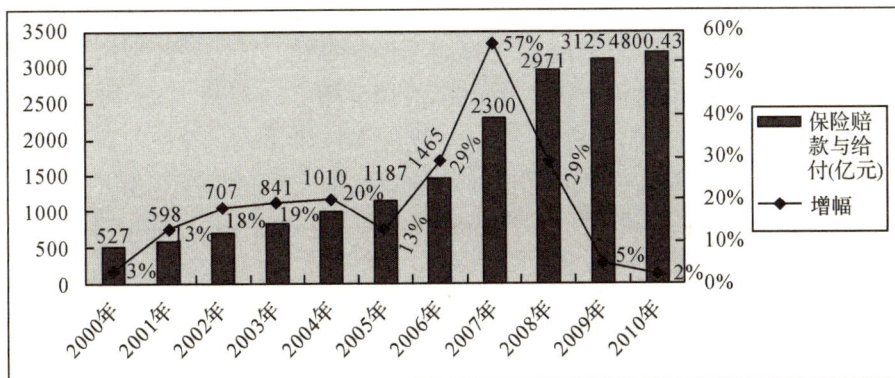

图 1　2000—2010 年保险赔款与给付和增幅对比图

资料来源:2011 中国保险年鉴,第 19 页。

2.刺激消费,扩大内需

目前,内需不足成为制约经济可持续发展的一个重要因素。居民消费不旺,关键在于人们对未来支出的预期不稳定。据统计,我国银行储蓄中以养老、防病、教育为目的储蓄比例占 40％以上。预防性储蓄总量过大,制约着居民当前的消费水平,而保险在促进储蓄向消费转化方面可发挥积极的作用。第一,增强居民的消费意愿。保险能稳定人们对未来支出的预期,减少人们生活的后顾之忧,降低全社会用于预防意外和风险事故的财富总量,从而起到刺激消费的作用。第二,提高居民消费能力。保险业通过开展各种信贷保险,降低银行贷款风险,促进个人消费贷款的获得,从而拉动消费的增长。目前,我国汽车消费贷款保证保险累计提供保证金额达 2000 多亿元,为 80％的汽车消费贷款提供了保险保障;个人抵押贷款房屋综合保险累计保险金额近 4 万亿元,有力促进了住房消费。

3.融通资金,拉动投资

保险公司是资本市场重要的机构投资者,通过参与资本市场,能间接地支持企业融资;同时,保险业还可通过投资地方实体经济的方式参与地方经济建设,为地方经济转型升级提供有力的资金支持。如浙江省举办"与保险机构战略合作签约仪式暨保险资金投资项目对接洽谈会",积极引入保险资金参与地方基础设施建设;中国人保集团投资 3.9 亿元,成功认购杭州银行 2％的股权,开启参股银行和投资股权的全国首个试点;平安集团联合绍兴市政府投资 3 亿元设立平安创新投资公司,自 2008 年以来,累计为绍兴重点项目和知名企业提供近 5 亿元的融资支持。

4.覆盖风险,促进出口

出口信用保险是世界贸易组织允许的出口支持和保障手段,能积极促进出口和投资,支持产业结构调整,推动贸易增长方式转变。2010年出口信用保险保额占同期我国一般贸易出口总额的22.8%,同比增长4.2个百分点。作为我国唯一的政策性出口信用保险机构——中国出口信用保险公司积极促进外经贸调结构、转方式,积极支持民族企业培育自主品牌,优先支持船舶、汽车、新能源等高附加值产品出口,焦炭、水泥等"两高一资"产品的承保比重下降到1.0%,如图2所示。

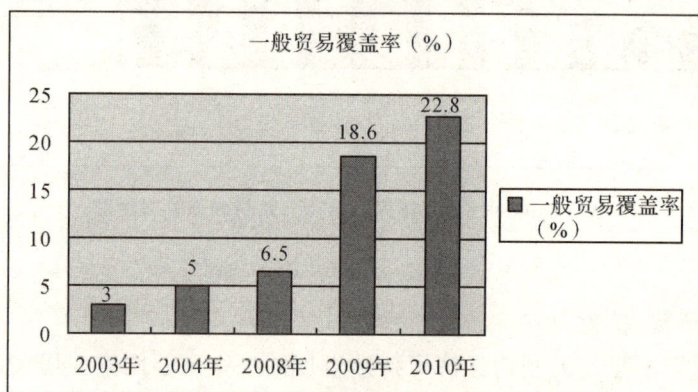

图2 中国出口信用保险一般贸易覆盖率

资料来源:根据广东省WTO/TBT通报咨询研究中心网站资料整理。

5.分散风险,支持创新

科技创新在产业结构优化、企业转型升级中起支撑、引导作用,但因此也伴随着新的、巨大的风险,需要保险机制予以转移化解。2006年,保监会和科技部合作开展了多个省市的科技保险创新试点工作,试点启动当年,这项工作为企业科技创新提供了超过685亿元的风险保障,有效分散企业创新风险。很多试点城市创新工作机制,加强政策支持。如北京市科委成立了科技金融促进会,为保险公司和科技企业搭建起良好的沟通平台。天津指定天津市高新技术成果转化中心、重庆指定重庆市生产力促进中心作为科技保险的专门服务机构,具体负责科技保险补贴资金申请、审查等工作。无锡市提高了财政补贴资金标准,当地科技保险业务发展迅速。科技保险的作用和机制正日益为政府和企业接受、认可,其对科技创新的保护和促进作用也日益崭露头角。

6.服务中小企业,促进企业转型发展

中小企业是地方经济蓬勃发展的重要动力,也是地方经济转型升级的重要环节。利用保险机制,解决中小企业融资难题,帮助其实现转型发展,对于调整和优

化地方产业结构起到积极的促进作用。中国人保财险舟山分公司与定海农村合作银行合作开展中小企业贷款保证保险业务,将保证保险纳入中小企业信贷管理体系,通过保险机构为中小企业信用进行担保,提升中小企业信用等级,从而帮助中小企业获得银行融资支持;宁波市则于2009年采取"政府推动、市场化运作"的模式,创新开展小额贷款保证保险业务,首创了政府、银行、保险通力合作,解决中小企业及创业者抵押担保不足的融资模式。

（二）加快社会转型的"辅助器"

与经济领域的转型升级相配套,社会领域的转型升级无疑成了安定民心、促进社会和谐进步的重要保障。社会的逐步转型,政府职能加快转变,社保体制改革深入进行,城市化进程不断加快,这些都成了社会领域转型升级的关键词。而保险业则将在社会保障、防灾防损、公共管理等社会风险管理体系中扮演更为重要的角色,尤其是在对经济社会发展起基础性、保障性作用的"三农"、社会保障体系等领域发挥积极作用。

1.发展"三农保险",助力社会主义新农村建设

解决好"三农"问题已经成为推动地方经济、社会发展,改善民生,构建和谐社会的重要举措。近年来,保险业在服务社会主义新农村建设中进行了有益的探索,它针对农民的需求,加强产品开发和服务创新,大大提高了服务"三农"的能力,在保障农业生产稳定、加快农业现代化进程及维护农村社会稳定方面发挥了巨大作用。主要表现为:第一,大力开展农业保险,保障农户生产经营稳定;第二,积极推进农房保险,促进农户灾后重建家园;第三,推广农村小额人身保险,促进农民老有所养、病有所医;第四,发展农村小额信贷保险,支持农业产业化发展。

2.丰富社会保障体系,促进和改善民生

现阶段我国社会保障体系覆盖面不宽,具有明显城乡二元分割的特性。商业保险参与社会保障体系建设,能充分发挥市场机制的作用,与政府主导的社会保险体系相互借鉴、相互促进,形成"协同效应",加速城乡一体化的进程。体现为:第一,将市场机制引入社会保险,能提高社会保障的运行效率;第二,发挥商业保险在补充养老方面的作用,能提高社会保障的整体水平;第三,提供多样化的商业养老与健康保险产品,有利于建立多层次的社会保障安全网,减轻政府的财政负担。

（三）提高政府管理效能的"杠杆器"

政府传统的以行政手段为主的社会管理模式,有其独特的优势,但也存在政府责任过重、财政资金使用效率低下、管理不够灵活等问题,政府自身也容易成为矛盾的焦点。运用保险机制辅助政府履行社会管理职能以及处理公共危机事件,有利于发挥行政手段和市场手段两大优势,能以刚性的财政支出撬动巨额商业保险保障,花小钱办大事,放大政府财政资金的效用,从而有效提高政府管理效能。

三、保险业支持地方经济转型升级路径分析

（一）政保合作，扩大保险业服务边界

政保合作是指各级政府部门以实施和推进某些公共政策为目标，将政府或市场不能有效解决的风险保障项目，通过优惠政策、激励措施和财政购买等机制，交由商业保险公司承保或委托代办的政企合作模式。政保合作可选择具有较强正外部性，但单纯依靠市场机制的作用又容易出现市场失灵的项目，如"三农"服务领域、社会保障体系等准公共产品。政保合作的开展既充分拓展保险参与社会管理的空间，又有助于政府化解社会矛盾，降低公共危机事件处理成本[①]，起到多边共赢的效果。保险业应顺应地方经济发展进程，积极稳妥地参与地方政府支持的政策性业务，拓展保险在社会风险管理、社会保障管理、社会关系管理和社会信用管理方面的服务边界。

（二）改革创新，促进区域经济转型升级

经济领域的产业结构调整和升级必然引起企业保险产品的新需求，同时针对中小企业自主创新缺乏保障等问题，也需要保险机构设计支持技术创新的产品，为企业转型升级保驾护航。因此，保险业要树立"创新立业"的观念，建立健全保险创新激励机制，提高创新水平，丰富保险服务方式，打造一批符合地方经济特点、贴近市场需求、具有推广价值的保险创新项目。同时，保险业要探索在区域经济范围内建立保险创新试验基地，在财政补贴、税收优惠、市场准入等方面给予支持；建立以服务经济发展方式转变为方向的行业创新发展模式，为区域经济转型升级提供有力的保险支撑。

四、保险业助推温州金改试验区举措及成效

2012年3月28日，在政府、商界、学界和民众的角力之中，温州金融综合改革启程。经过一年多的努力，温州保险业助推温州金改试验区已初显成效。以下是温州保险业助推温州金改试验区的六大举措：

（一）发展保证保险和信用保险，促进资金融通

2012年，温州人保财险、太平洋产险在龙湾、乐清、瑞安三地试点推进小额贷款保证保险；温州中银保险开展贷款抵押物加成保险；温州太平洋产险在温州民间借贷服务中心设立服务窗口，为民间借贷双方提供保险服务；中国出口信用保险公司浙江分公司温州办事处发展出口信用保险、国内贸易信用险等业务，支持小微企

---

① 吴勉坚：《政保合作助推保险业转型发展的若干思考》，《浙江金融》，2010年第9期，第10页。

业开展信用保险融资等。2012 年 6—11 月，全市通过发展小额贷款保证保险和贷款抵押物加成保险，增加银行贷款 8.5 亿元，缓解了小微企业贷款担保抵押不足的问题；共有 12 家寿险公司办理 4.75 万笔保单质押贷款，提供融资额度 19.2 亿元；出口信用保险共服务企业 380 家，同比增长 22%，支持外贸出口规模 21.5 亿美元，融资额度达 4.7 亿美元；国内贸易信用险业务从无到有，为企业国内贸易提供风险保障 8100 万元。

（二）引导保险资金参与地方经济社会建设

温州保监分局积极搭建保险资金对接平台，引导保险资金参与地方经济建设，投资地方重大项目，服务全市经济社会发展。目前，已有 10 多家保险总公司来温进行项目对接，部分项目即将落地，保险资金投资温州基础设施有望取得实质性进展。针对温州经济对大额资金的需求，部分保险总公司向温州银行机构定向投放存款，温州金改启动不到半年时间，保险总公司已有为期 5 年的 18 亿元大额协议存款进入温州，协议约定利率比同期保险资金运用收益率高 3 个百分点以上，该业务模式实现了保险、银行和地方经济建设的三方共赢。

（三）为中小企业提供风险保障

2012 年，温州市保险业积极推广电子保单和电子收费系统；温州龙湾试点科技保险，为温州中科新能源科技有限公司 22 名高管及关键科研人员，提供了保额为 244 万元的团体意外保险，签出全市首张科技保单；针对温州建筑工程招投标过程中的不规范、工程质量得不到保障及工期拖延的现象，温州市委市政府完善了建筑工程保函制度，全市保险业因势利导，开发了高额工程保函保险业务；部分保险公司开发了家庭综合保险、社区治安综合保险等产品。

针对温州小微企业、专业市场、产业集群的保险需求，温州保险业将不断加大保险产品创新力度，试点开展科技保险，重点开展服务专业市场、产业集群的保险，大力开展企业财产保险、建筑工程保险、船舶保险、货物运输保险等业务，不断扩大保险覆盖面。

（四）服务温州新农村建设

温州共有 5000 个行政村，640 万农村户籍人口，长期居住农村的人口约 130 万。受台风等自然灾害多发等因素影响，农村许多地区经济社会比较落后，城乡二元结构明显。根据温州市委、市政府《关于推进农村金融体制改革的实施意见》，2012 年，温州保险业加快推进涉农保险扩面工作。持续开展村干部保险，进一步完善农村计生家庭系列保险。针对温州政策性农险亏损严重、全省共保框架局部失灵现状，总结推广温州平阳县财政出资的部分农险险种"超赔补助"的成功经验，全面提高政策性农业保险覆盖面，全年政策性涉农保险呈现 50% 以上的增长态势。

在温州市政府的主导下,温州保险业试点开展农村保险互助社,推进农村资金互助会建设,2013年要力争建立100家农村资金互助会,大力完善农村金融组织体系,构建城乡一体化的现代农村金融体系,实现"三农"保险与农村信贷相结合,建立健全"三农"保险长效机制。

(五)辅助政府创新公共服务方式

2012年,温州共有法人单位40多万个,但部分企业防范火灾意识薄弱。温州保险业联合消防部门启动火灾公众责任险,在全市范围内全面推进全市火灾公众责任保险业务。目前,已签单承保企业63家,实现保费收入40万元。7月5日,温州鹿城区签出"绿色保险"第一单,7—11月,环境污染责任保险实现保费50万元。温州各保险公司配合全市学校体育设施向公众开放活动,积极开展社会公众责任险试点。

温州保险业将积极围绕温州政府职能转变和社会管理创新的总体思路,创新发展社会治安保险、安全生产责任险、公众安全责任险、产品质量责任险等业务,重点发展火灾公众责任险、环境污染责任险,加快发展医疗责任险、燃气责任险等业务,不断扩大各类责任保险覆盖面。

(六)发展商业养老健康保险

温州民间财富充裕,但政府财力偏小,难以承受不断增长的社会保障负担。温州市委、市政府要求金改与社保体制改革相结合,引入商业保险机制完善社保体系。温州保监分局配合温州人力社保部门出台《关于推动商业保险机构参与温州社会保障体系建设的指导意见》,明确了温州保险业参与社保体系的基本原则、承办方式、工作要求等实施内容,建立了由保监、人力社保、财政、发改、卫生等多部门组成的工作协调推进机制。目前,全市保险业已在龙湾区、文成县等地试点开展城镇居民大病保险业务,在苍南县开展城镇职工基本医疗保险经办服务,取得了初步成效。

五、保险业支持地方经济转型升级对策建议

(一)加强监管引导

保险监管机构要加强战略规划调研,深入分析保险与地方经济发展规律,明确工作思路,找准保险业服务地方建设的切入点和着力点;优化区域保险主体结构,根据地方经济建设需要,合理配置保险资源,引导保险公司在经济发达地区设立保险研发中心、资金结算中心、客户服务中心等后台服务机构,支持设立专业性、区域性及有特色的保险机构;加强地方保险人才队伍建设,鼓励通过外部引进、内部培养、系统交流等形式,充实地方保险机构人力资源,提高队伍素质。

（二）拓宽保险服务领域

1.开发新险种，助推经济转型升级

保险业要着眼于地方科技创新和产业升级的需要，疏通保险保障、融资信贷等一揽子金融服务链条，完善配套和增值服务，进一步推动科研成果转化，为企业的科技创新和扩大再生产提供必要的支持。如拓展科技保险，力争在重大装备（首台套产品）等领域率先突破，提升地方企业科技改造和自主创新能力；发展高新技术企业产品质量保证保险，为企业自主创新提供保险支撑，增强客户购买信心和市场推广力度，推进高新技术产业化；发展中小企业、专业市场和集群经济等保险，服务地方产业加快实现转型升级；研究开放短期出口信用险市场，大力推广国内贸易信用险业务，支持地方企业更好地开拓国内外两个市场。

2.促进社会建设，改善民生服务

综观国家"十二五"规划纲要，其中一个突出特点就是民生优先。与此相呼应，保险业要在"三农"保险、社会保障建设、公共风险管理等多方面，发挥好自身的优势，以多种渠道和模式参与社会建设，促进地方民生改善。

第一，扩大农业保险覆盖面。争取国家在增加中央财政补贴险种和减免相关税收等方面加大地方农业保险的支持，完善农房保险制度，开展农村小额保险业务，探索林权抵押保险试点，服务地方新农村建设。第二，推动责任保险扩大覆盖面，重点在医疗卫生、环境保护和社会治安等领域取得突破，提高政府公共事务管理水平。第三，探索巨灾保险制度，争取国家巨灾风险资金补助，为自然灾害多发地区经济平稳发展提供保险保障。第四，发展商业性的补充养老和补充医疗保险业务，促进建立多层次的区域社会保障体系。

（三）拓展资金运用渠道

自1995年《中华人民共和国保险法》颁布以来，我国保险资金的运用渠道、运用额度均发生了很大变化。根据保监会最近颁布的《保险资金运用管理暂行办法》规定，保险资金的运用形式包括银行存款，买卖债券、股票、证券投资基金份额等有价证券，投资不动产以及国务院规定的其他资金运用形式。资金融通是保险业的重要功能，应鼓励保险资金采取多种方式，积极参与地方经济建设，促进保险市场、资本市场和货币市场的协调发展，增强地方金融业的创新力、集聚力和贡献力。第一，支持条件良好的保险公司在经济发达省份设立保险资产管理公司。第二，支持保险公司投资地方企业发行的企业债和公司债，投资交通、通信、能源等大型基础设施项目，投资养老实体、优质医疗机构以及商业物业等不动产。第三，支持保险公司参与国有大型企业和地方金融企业重组改制，支持地方经济社会建设。

（四）营造良好环境

改革开放以来，保险业的快速发展得益于政策和环境的不断优化。保险业要提升自身的服务能力,需要良好的政策环境、市场环境与制度环境。第一,加强与政府及有关部门协调,鼓励各级政府在公共管理中引入保险机制,主动运用保险工具管理社会事务,根据需要,安排财政资金购买具有(准)公共产品性质的保险产品或服务;第二,加强与司法及其他行政执法机构的合作,打击非法保险活动,依法保护保险合同当事人的利益,形成有利于促进区域保险市场健康发展的法制环境;第三,加强保险基础教育,支持地方高等院校加强保险学科建设,加快将保险教育纳入国民教育基础序列;第四,加大保险宣传力度,坚持弘扬保险发展主旋律,共同营造良好的外部舆论环境。

【参考文献】

[1] 吴定富.我国保险业的改革发展和监管实践[J].行政管理改革,2010(11).

[2] 吴勉坚.政保合作助推保险业转型发展的若干思考[J].浙江金融,2010(9).

[3] 彭芳.论保险功能的演进及发展[J].知识经济,2011(4).

[4] 吴向阳.后危机时代出口信用保险的功能创新研究[J].现代商贸工业,2010(5).

[5] 陈国平.钱江东去:浙江金融发生了什么[M].北京:红旗出版社,2011.

[6] 梁涛.农村小额人身保险[M].北京:中国财政经济出版社,2008.

[7] 朱俊生,李树生.建设社会主义新农村与"三农"保险创新[M].北京:中国金融出版社,2008.

中小银行关系型借贷与中小企业融资
——以浙江省为例[①]

◎郭延安

摘　要：本文利用在我国中小企业最为发达的浙江地区所做的调查问卷数据，研究了关系型银行对中小企业贷款可获得性的影响。研究发现，银企关系持续时间越长，中小企业的信贷可获得性越强；企业在银行办理的业务种类越多，贷款的可获得性越大。此外，我们发现中小企业在小银行贷款的可获得性大于大银行，以上结论证明了关系型银行能够克服信息不对称，以及在提高贷款获得性方面具有较好的作用，是解决中小企业贷款难的重要途径之一。

关键词：中小企业　贷款可获得性　关系型银行

一、研究背景

关系型借贷是商业银行从事的关系型贷款服务，贷款的发放是通过银行长期和多种渠道的接触所累积的借贷企业的相关信息，这些信息不局限于企业的经营状况等财务信息，还包括企业的社会信誉，员工工作热情，项目的潜在风险以及企业高管的职业道德和专业胜任能力等。关系型借贷是银行依托银企间长时间的交往和多样化产品服务，对企业的资信状况、经营业绩、行业发展前景和企业主人品等信息充分获取的一种信贷模式。

浙江省中小企业大部分源于民营经济，具有经营规模小，投资量少，使用的技术传统而且经营信息透明度低，发展面临着较大的资金缺口、较多的贷款限制和较高的利率等问题。银行融资是中小企业融资的主渠道，占比达到了80%以上，然而在很长一段时间里，大银行一直倾向向规模大的企业贷款，向中小企业贷款的主要是小银行（城市商业银行和农村信用合作社）。近年来，在大公司和零售银行业务竞争激烈、利润空间日益缩小的背景下，中国各商业银行也通过创新信贷技术、

---

①　项目资助：浙江省金融教育基金会 2012 年度一般项目（2012Y01），课题负责人：郭延安，课题组成员：阮建青、吴金旺。

深挖银企关系来开发中小企业贷款。

本文利用浙江中小企业问卷调查数据,深入研究关系型银行对于中小企业贷款可获得性的影响,对浙江信贷市场上中小企业贷款可获得性进行实证分析,这有利于充分了解当前中国银行业对中小企业贷款的现状,对于推动中小企业贷款的发展具有重要意义。本文重点探讨浙江地方基层的中小企业的融资状况,以银行为企业提供信贷的时间长短来衡量关系长短,对地方信贷市场上影响中小企业贷款可得性的因素进行了具体分析。浙江民营经济较为发达,中小企业众多且十分活跃,本文所选取的地区地处浙中地区,民营经济发展状况处于浙江省中等水平,具有一定的代表性。

二、文献综述

关于关系型借贷的概念,学术界尚未有统一的定义,但 Berger 和 Udell(1995)对关系型贷款所下的定义使用最为广泛。他们将关系型借贷定义为基于长期和多渠道的接触所积累的企业和企业主信息而做出的贷款决策,关系型借贷的基本前提是企业与银行保持持续、封闭的交易关系。

理论研究认为,由于小企业管理欠科学、财务系统不健全、财务经营信息披露成本高、缺乏抵押担保所导致的银企间信息不对称等原因导致了中小企业融资难问题。因此,国内外众多的研究认为在关系型借贷上,小银行具有"小银行优势"。这是由大银行和小银行的特点决定的。

大银行的特点是组织结构庞大,专业人员素质较高,具有公共信息的收集和处理方面的优势。但与此同时,大银行分层组织明显,代理链长,中小企业的"软信息"在大银行很难实现组织链上的传递。同时,虽然大部分的中小企业分布在地方基层,但是,大银行的分支机构也很难得到中小企业的关键软信息。这主要有以下两个原因:客户经理经常调换,使得其对企业的了解程度较差;即使这些分支机构的客户经理人员能够了解地方中小企业的真实经营状况,其上级机构也难以根据分支机构传递的中小企业信息做出合理有效的判断。因为中小企业存在的一个关键问题是其信息披露结构不规范,大量信息需要客户经理和评审的职业判断,所以从关系型借贷的角度看,中小银行可以说是中小企业的最佳融资伙伴(古苗希,2011)。

国外许多实证研究证实,银企关系长时间的保持有助于提高小企业的信贷可获得性,降低其贷款利率,减少抵押担保要求(Berger,Udell,1995)。在国内,曹敏等人(2003)的研究也证实了关系型贷款有助于降低贷款利率。2005 年之后,人们开始研究关系型贷款给银行带来的收益。Yasuda(2005),Ljungqvist 等人(2006)的研究表明,关系型贷款能给银行获取股票承销业务。Bharath 等人(2007)的研究证明关系型贷款能为银行获取更多的贷款业务。陈键(2008)基于 2003 年

NSSBF 的调研数据得出银企关系持续时间越长,银行会提高对关系型企业的放款可能性,但同时会上浮其贷款利率,增加中小企业的财务成本。但这些研究大多是 NSSBF 的数据,并不能全面、客观地反映中国特色的银企关系。

基于以上文献,关系型贷款是解决大银行和小企业之间信息不对称问题、改善小企业融资困境、拓展银行利润空间的一种可行选择。本文主要对我国银行的小企业关系型贷款的可获得性进行实证分析。

三、研究设计

(一)数据来源

本文通过现场调研询问、发放问卷等方式收集了样本企业的相关信息,包括信贷成本、财务指标及关系特征。我们共发放问卷 300 份,回收问卷 251 份,问卷回收率 81.6%,剔除了一些回答不完整或是答案明显不能反映填写者真实意愿的问卷后有效问卷为 204 份。

本文的被解释变量为贷款的可获得性,以被调查企业 2009—2011 年是否获得贷款为衡量指标。在本文选取的 204 个样本中,已经剔除掉因没有贷款需求而未获得贷款的企业样本,数据由调查人员经过访谈获得,经过筛选基本上满足分析需要。

(二)数据描述

表 1 和表 2 是对贷款可得性描述性统计

表 1　贷款可得性描述性统计

2009—2011 年是否获得贷款	个数	比例
是	198	77.95%
否	56	22.05%
合计	254	100%

表 2　变量的描述性统计

	样本个数	最小值	最大值	平均数	标准差
Lnass	254	3.0910	10.6111	6.860674	1.5050040
Lev	254	0.5700	417.0000	53.178142	29.6549243
Pro	254	0.0000	1.0000	0.470356	0.5001098
Cur	254	0.1360	14.1667	1.574387	1.6221073
Age	254	0.0000	1.0000	0.885375	0.3191997
Leg	254	0.0000	2.8904	1.346693	0.6792528
Dep	254	0.0000	1.0000	0.944664	0.2290881

续　表

	样本个数	最小值	最大值	平均数	标准差
Tra	254	0.0000	1.0000	0.849802	0.3579732
Big	254	0.0000	1.0000	0.252964	0.4355724
Loan	254	0.0000	1.0000	0.747036	0.4355724
Mort	254	0.0000	1.0000	0.640316	0.4808589
Premium	254	0.00	1.00	0.4506	0.49854
Loanamount	254	2.3026	15.7614	5.253293	1.6294665

(三)变量选取

关系型借贷的实证研究基于这样的理论逻辑:(1)银行和中小企业建立多元化的金融服务关系(不一定是借贷关系);(2)银行会在银企关系持续期内通过接触收集、整理、分析关于中小企业和所有者的有用信息;(3)银行根据获取信息设定或修改贷款合同内置条件;(4)银行在行动(3)的作用结果将反映在贷款成本(利率溢价、抵押物要求等)上。

本文设定企业特征变量、关系型银行变量和银行特征变量作为解释变量(见表3)。其中,企业特征变量选取企业资产规模、资产负债率、销售利润率和流动比率,此类为控制变量,本文的重点在关系型银行变量和银行变量。在关系变量中,本文选择了"企业成立时间""银企关系建立时间""企业在银行有无存款"和"中间业务数量"四个指标,并预期这些指标可以提高中小企业贷款的可获得性。

表3　解释变量设定含义

变量名称	变量符号		预期符号
企业特征变量			
资产	Lnass	企业资产总额的对数	—
资产负债率	Lev	企业总资产/企业总负债	＋
销售利润率	Pro	净利润/营业收入	＋
流动比率	Cur	流动资产/流动负债	＋
银企关系变量			
成立时间	Age	企业成立时间,大于3年取1,否则取0	＋
关系时间	Leg	企业与银行建立关系时间的对数	＋
有无存款	Dep	企业在银行是否有存款业务,是取1,否取0	＋
中间业务	Tra	企业在银行是否办理中间业务,是取1,否取0	＋

续　表

变量名称	变量符号		预期符号
银行特征变量			
银行性质	Big	大型国有控股银行取1,其他情况取0	—

四、实证分析

(一)贷款可获得性的回归分析

为了检验关系型银行变量对中小企业贷款的可获得性有显著影响,本文采用逐步回归法,对模型设置做出以下设计:M1为只包含企业特征变量的模型;M2是在M1基础上剔除最不显著的Lev变量,以企业特征变量和关系型变量中的时间变量作为控制变量,以检验企业成立时间和建立银企关系对贷款可获得性是否存在显著影响;M3在M2的基础上剔除最不显著的Cur变量,再加入关系型变量的业务种类变量,检验关系型变量对贷款可获得性是否存在显著影响;M4是在M3基础上,加入银行特征变量,以检验银行规模对中小企业贷款可获得性的影响。回归结果见表4。

表4　贷款可获得性回归结果

企业特征变量	M1	M2	M3	M4
Lnass	0.261 ***	0.354 ***	0.399 ***	0.423 ***
Lev	0.046			
Pro	0.317 **	0.319 **	0.366 **	0.351 **
Cur	−0.12	−0.15		
银企关系变量				
Age		−0.537 *	−0.594 *	−0.649 *
Leg		1.603 *	1.739 *	1.778 *
Dep			0.966	1.094
Tra			0.654 **	0.639 **
银行特征变量				
Big				−0.222 **
Log likelihood	−141.569	−122.606	−121.85	−121.538
P_R²	0.1012	0.1374	0.1456	0.1570
样本总数	254	254	254	254

注:表中为四舍五入结果,*,**,***分别表示在90%,95%,99%的置信水平上通过了t检验,为节省篇幅,我们省略了Z值,下表同。

在以上四个模型中,资产 Lnass 的回归系数通过了显著水平 1% 的 t 检验,说明贷款企业的资产规模是影响贷款可获得性的重要因素,这一解释变量的回归系数为正,说明企业资产规模与可获得性呈正相关,即资产规模越大,可获得性越高。这与先前的研究结论相一致。

M1 中除了资产 Lnass,销售利润率 Pro 通过了显著水平 5% 的 t 检验,这说明现代银行对小企业授信首先强调第一还款来源,即企业主营业务收入带来的现金流是否充足。销售利润率的高低和发展趋势一定程度上说明了企业的经营情况。实体经济中企业利润率一般维持在 10% 上下的水平,过高或者过低的利润率意味着比较高的风险。同时,银行发放贷款审慎,其决策不仅仅依赖于利润率,相对来说银行更注重企业的资产规模而不是企业的盈利。这在一定程度上也说明了目前中国中小企业贷款难的原因,在企业资产规模达不到银行的要求的情况下,即使盈利能力较好的中小企业也不一定获得银行贷款。M1 中其他财务信息如资产负债率、流动比率对了解企业的经营情况也很重要,但没有通过 t 检验,这很可能是受小企业财务指标不可靠的影响。

M2 中企业年龄 Age 的回归系数通过了显著水平 10% 的 t 检验且为负值,这反映出年龄越大的企业,其生存能力和竞争能力就越强,声誉也越好,从而银行对其降低贷款利率。在 M2、M3 和 M4 中银企关系时间 Leg 的显著性水平分均为10%,在其他变量不变的条件下,当银企关系时间增加,贷款的可获得性将会增大,在三个模型中获得贷款的概率分别比没有获得贷款的概率大 1.603、1.739 和1.778 倍。这证实了本文前面的分析,即银企关系时间越长,银企关系更加牢固,企业贷款的可获得性更大。

在 M3 中,企业在银行办理中间业务数量 Tra 对贷款可获得性有正面影响,根据机会比率可以计算出在其他条件不变的情况下,办理中间业务 4 种以上的企业获得贷款的概率比没有获得贷款的概率大 65.4%。这说明了作为最全面的金融服务提供者,银行可以获得企业和企业主个人的交易与结算账户等重要信息,据此掌握企业的现金流量变化和还款能力。企业在银行办理业务的种类越多,银行掌握的企业或者企业主的信息越充分,信息不对称水平降低,从而有利于财务状况不透明的中小企业获得贷款。

M4 中,值得关注的是银行性质变量在 5% 的显著水平下,对贷款可获得性产生负向影响。中小企业选择大银行作为贷款银行时,获得贷款的概率是没有获得贷款概率的 22.2%,也就是说获得贷款的成功率只有五分之一。我们分析这是因为在中国大银行向中小企业发放贷款时过度依赖抵押物,而缺乏抵押物是中国大多数中小企业的共同问题,这也是中小企业贷款困难的关键原因。

（二）关系型银行选择的回归分析

为了考察中小企业贷款选择银行的差异,本文样本以中小企业贷款对银行的选择情况为被解释变量进行了实证分析。本文剔除部分回归不显著的变量,表5显示的是回归结果。

表5　关系型银行选择的回归结果

	B	S. E.	Wald	Sig.	Exp（B）
Lnass	0.559	0.217	6.609	0.010	1.749
Pro	0.217	0.384	0.320	0.572	1.242
Age	−1.603	0.682	5.533	0.019	0.201
Leg	−1.117	0.339	10.875	0.001	0.327
Dep	−4.317	1.262	11.697	0.001	0.013
Tra	0.328	0.538	0.371	0.542	1.388
Mort	−1.033	0.378	7.465	0.006	0.356
Lev	0.006	0.008	0.685	0.408	1.006
Cur	−0.157	0.186	0.716	0.398	0.855
Loan	0.510	0.466	1.195	0.274	1.665
Premium	0.257	0.411	0.389	0.533	1.293
Loanamount	0.502	0.208	5.806	0.016	1.651
Constant	−6.343	1.460	18.866	0.000	0.002
P_R^2	0.267				

表5列出了 Logit 回归的结果,从中可以看出,资产 Lnass 的回归系数为 0.559,且在10％的置信水平上显著,即资产对大银行是否被选为贷款银行的概率有着正的显著影响。在其他变量保持不变时,Lnass＝1时大银行被选择作为贷款银行优势是 Lnass 资产＝0时优势的1.749倍。这是由于企业规模越大,信息相对更透明,则其就不那么依赖于关系银行提供贷款。同样的道理,我们可以计算出其他变量的 OR 值(具体见表5最后一栏)。对大银行被选择作为贷款银行有着较大正影响的因素是办理业务种类的数量,当业务种类在4种以上时,获得贷款的概率是没有获得贷款概率的1.388倍。本次调查显示,除了国有控股银行外,中小企业的主要贷款银行是城市商业银行和农村信用合作社,但这些银行由于其技术支持、网点分布等原因,能提供给企业客户的业务种类有限,因而不能充分满足中小企业除了融资以外的需求;然而大银行拥有提供综合金融服务的优势,可以从多种

业务中寻找企业的非财务信息,以降低信息不对称程度。另一个因素则是借款数,其优势比 OR 为 1.651。表明如果大银行能为小企业提供足够的资金支持,可以提高小企业的忠诚度。此外,资产负债率和销售利润率对企业选择大银行也是正影响,这与大银行授信评审部门相对更看重财务数据的实际情况相符合。

关系时间越长,小企业倾向选择小银行,关系时间 Leg 的回归系数为-1.117,并且在 1% 的置信水平上显著,即关系时间 Leg 对大银行是否被选为贷款银行的概率有着负的显著影响。在其他变量保持不变时,关系时间 Leg=1 时大银行被选择作为贷款银行优势是关系时间 Leg=0 时优势的 0.327。同样企业有无存款对大银行被选择作为贷款银行的概率有着显著的负影响,其优势比 OR 仅为 0.013。换言之,Deposit 从 0 变到 1 时,大银行被选择作为贷款银行的优势只相当于原来的 0.013。另外,担保方式 Mort 对大银行获得后续贷款业务的概率也是负影响,并在 10% 的置信水平上显著。表明小银行对小企业的抵押担保要求相对较低是小企业更愿意与小银行建立密切的银企关系的重要原因之一。

五、结论与建议

(一)研究结论

上述对回归结果的分析表明:在信贷市场上,银行与中小企业的关系对贷款可获得性具有明显的影响,且关系越久,办理业务的种类越多获得的可能性就越大,企业年龄、企业资产规模对贷款利率产生负向影响,而资产负债率、流动比率、销售利润率对贷款利率存在正向影响。此外通过研究,我们还发现部分大银行对小企业授信时,大多过于注重对资产规模和不动产抵押要求,缺乏更多有效措施控制敞口,并且带有一定的片面性和盲目性。长期密切的银企关系有利于银行解决信息不对称问题,获取更为充分的企业非财务信息,而中小企业信贷的可获得性则得到有效提高。

当前中国商业银行体系中,大型国有控股银行兼具资本、网点、技术、政策等多方面的优势,理应开发更多金融产品服务中小企业、帮助中小企业解决融资困难的问题,而不是“雨天收伞”。但现在大银行普遍对银企关系的关注度不够,没有充分利用其生产信息优势获取企业或者企业主的多方面信息;而小银行(特别是城市商业银行和农村信用社)则抓住了中小企业信贷需求旺盛这个机会,发挥自身与中小企业的近距离、贴身服务特色等特点,避免了相对较高组织成本,又不陷入“全而不精”的分散经营模式,有利于集中有限资源发展“拳头”业务,积极开发更多的金融产品来服务于中小企业,形成比较竞争优势。

(二)研究的局限性

本文的研究还存在一定的不足。一、鉴于样本数据来源于课题组调查问卷,所以对于本文中小企业关系型借贷的可获得性影响因素的实证研究,具有一定的主观性,可能不够全面。此外,利用调查问卷的形式,很难将商业银行在信贷审查中所关注的一些非财务信息(如三品三表等)形成完整的标准指标。二、本文并未探讨政府在中小企业关系型借贷中的作用,由于研究主要是从银企的角度探讨中小企业的关系型借贷,所以没有深入探讨政府在扶持中小企业的关系型借贷中的作用。

【参考文献】

[1] 吴洁.中小企业关系型贷款定价行为研究:以江苏省某国有银行县级支行为例[J].南京师大学报(社会科学版),2005(6).

[2] 陈键.银企关系与信贷可获得性贷款成本:基于2003年NSSBF调查的实证分析[J].财贸经济杂志,2008,29(1).

[3] 李琳,粟勤.关系型银行与中小企业贷款的可获得性:对中小企业问卷调查的实证分析[J].金融论坛,2011(4).

[4] 余江.我国大型商业银行对中小企业信贷融资问题研究[D].成都:西南财经大学,2008.

[5] 陈子文.基于关系型融资的中行湖南省分行银企信贷关系研究[D].长沙:中南大学,2009.

[6] 邓超,敖宏,胡威,等.基于关系型贷款的大银行对小企业的贷款定价研究[J].经济研究,2010(2).

第 三 篇

金融改革案例研究

义乌国际贸易综合改革试点的金融扶持研究[①]

◎张海燕

一、引言

2011 年 3 月 4 日,国务院正式批复《浙江省义乌市国际贸易综合改革试点总体方案》,同意义乌市开展国际贸易综合改革试点,义乌成为继上海浦东、天津滨海等之后全国第 10 个综合配套改革试点,首个在县级市设立的国家级改革试点。随着改革试点工作的深入推进,义乌国际贸易综合改革成效不断显现。2013 年 1—6月,义乌市完成地区生产总值 395.7 亿元,同比增长 10.2%。外贸出口保持快速增长,累计出口额达到 94.3 亿美元,同比增长 408.2%。其中市场采购贸易出口73.4 亿美元,占全部出口的 77.8%。市场活跃度不断提升,涉外经济主体数量突破 5200 户,占全国总量的 80%。产品创新能力不断增强,1—6 月,义乌市专利申请量 4475 件,同比增长 24.5%,授权量 2165 件,同比增长 10.1%。[②] 与此同时,作为义乌国际贸易综合改革试点的配套方案,《义乌国际贸易综合改革试点金融改革专项方案》经中国人民银行等国家部委研究审定,正在办理联合发文手续。这是继2012 年 11 月《义乌市国际贸易综合改革土地管理制度专项改革方案》获批实施后的第二个重要配套方案,也必将是对义乌国际贸易综合改革试点产生重大推动作用的改革方案。所以,深入研究金融改革专项方案,探讨金融扶持产业发展的具体路径,分析在义乌国际贸易综合改革进程中,如何完善金融服务体系,构建科学合理的多元化金融主体结构,丰富金融服务主体层次与数量;如何创新金融产品与服务,开发适应义乌产业与贸易发展的金融产品与金融工具,提高金融服务与产业需求的匹配性;如何加强金融管理体制改革,改善金融生态环境,推动贸易与金融的

---

① 项目资助:浙江省金融教育基金会 2012 年度重点项目(2012Z04),课题负责人:张海燕,课题组成员:王婧、唐春宇、章安平。

② http://sh.sohu.com/20130731/n383020158.shtml。

融合,促进义乌成为区域性货币兑换中心、区域性跨境贸易人民币结算中心;如何发挥金融的产业扶持功能,推动义乌中小企业提升层次,培育核心竞争力,从而实现贸易方式转变与产业结构转型升级,为中国经济转型升级提供先行先试的宝贵经验。这一系列研究将是非常具有现实意义的。

二、义乌国际贸易综合改革试点的企业金融需求调研

本课题组选择义乌国际商贸城的商户作为受访对象,针对分布在国际商贸城1—5区的商户开展抽样问卷调研,以了解义乌中小贸易企业的金融需求现状。本次问卷调研范围覆盖义乌国际商贸城1—5区的29个产品大类的经营业主,受访者中,工艺品经营者占全部受访者的比重为8.3%,箱包产品经营者占比11.1%,办公用品经营者占比9.7%,汽车用品及配件经营者占比7.9%。半数以上的受访者兼做内销与外销,46%的商户经营自有品牌商品,31%的商户单纯从事市场销售,26%的商户接受其他品牌的代工订单。此次问卷调研的对象全部为中小微企业,其中,年营业收入低于100万元人民币的微型企业占比达到65.5%。此次调研共发放调研问卷450份,收回有效调研问卷405份。

(一)义乌国际贸易综合改革试点对贸易企业发展起到促进作用

自2011年3月至今,针对义乌国际贸易综合改革试点,国家、省、市出台了多项政策措施推动义乌贸易体制建设。如,义乌创新"市场采购"贸易方式,海关总署批准在义乌开展无纸化通关改革试点,国家质检总局创新采购地检验检疫制度,义乌成为全省首个拥有对外贸易经营者备案登记管理权限的县(市),全国首个开展个人跨境人民币业务的试点城市,全国首个拥有邀请外国人来华审批权限的县级市等。国际贸易综合改革试点为义乌广大中小微贸易企业改善了发展环境,创造了发展机遇。68%的受访企业认为国际贸易综合改革对自身企业有促进作用。其中,25%的受访者认为义乌国际贸易综合改革试点给企业带来的最主要的变化是国外采购商数量的增加,其次是市场硬件条件的改善、贸易软环境的改善及物流服务的改善(见图1)。

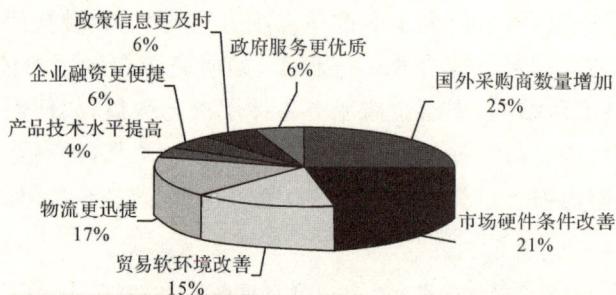

政策信息更及时 6%
政府服务更优质 6%
企业融资更便捷 6%
产品技术水平提高 4%
国外采购商数量增加 25%
物流更迅捷 17%
市场硬件条件改善 21%
贸易软环境改善 15%

图1 国际贸易综合改革给企业带来的最主要的变化

数据来源:作者根据问卷调查数据整理。

在调查问卷给出的 12 项重要贸易举措选项中,11 项举措被受访者认为是非常重要的,包括简化进出口流程、建设市场综合服务平台、建设中小企业公共技术平台、发布"义乌·中国小商品指数"、设立小商品研发中心、设立小商品质量检测中心、完善商户信用监测与评价体系、加快第三方物流建设、设立境外专门市场、发展"中国义乌国际小商品博览会"、建立进出口贸易监测预警机制。其中发展"中国义乌国际小商品博览会"和建立进出口贸易监测预警机制两项举措的认可度最高,分别有 42.5% 和 42.2% 的受访者认为这两项举措非常重要。而 12 项举措中,唯一一项不被受访者认为非常重要的举措是培育科技推广中介。这一结果是由中小微企业在产业链中的地位与现状决定的,也是值得关注的一个问题。

(二)企业资金需求仍然旺盛,筹资渠道仍以银行贷款等传统方式为主

参与调查的中小微企业亟待解决的发展瓶颈仍然是筹资渠道不畅。现有的筹资渠道中,间接融资仍占据绝对主导地位。本次调研中,52% 的受访商户仍然选择将银行贷款作为最主要筹资方式。其次是亲友借款,占比 24%,供应商融资占比5%,商业信用融资占比 4%,民间高息贷款占比 3%,贷款公司贷款占比 2%。其他筹资方式如企业债券、创投基金注资、融资租赁、担保公司融资等合计占比 10%(见图 2)。

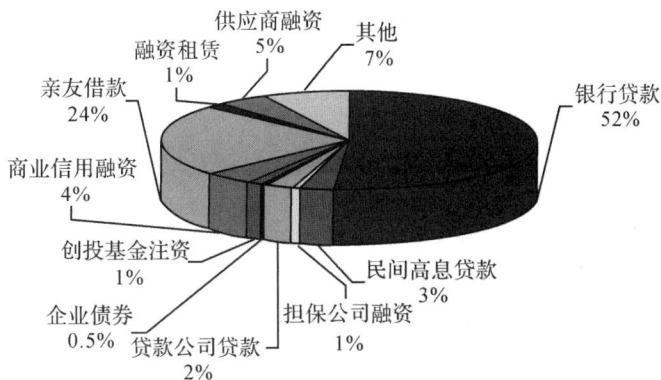

图 2　调研企业选择的主要筹资渠道

数据来源:作者根据问卷调查数据整理。

课题组在进一步对银行贷款方式与贷款主体的调研分析中发现,受访商户最希望获得无担保贷款,在抵押贷款中,他们也仍然困囿在传统的抵押产品上,房产抵押、商铺所有权或使用权抵押仍然是他们最常使用的抵押方式。而对于中小微企业而言,资金成本更低的抵押方式尚未得到足够的重视,更不用提特许经营权抵押、专利权抵押、商标专用权抵押等创新抵押担保方式(见图 3)。

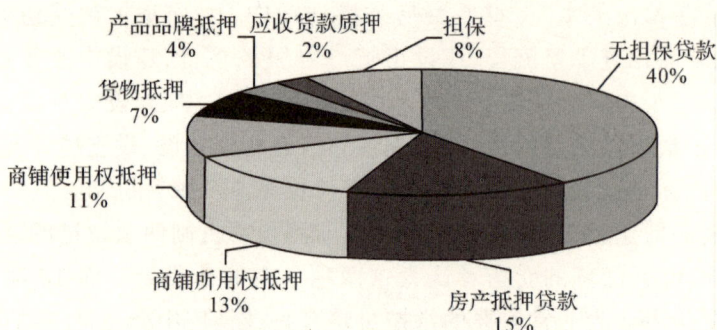

图 3　被调研企业选择的主要贷款方式

数据来源:作者根据问卷调查数据整理。

　　受访商户在贷款方式上的保守传统将于无形中增加企业的资金成本。这一方面与金融机构的新型贷款方式仍在创新阶段,受益面仍相对较窄有关,另一方面,金融机构对于创新金融产品的宣传力度也应进一步加强,加强对中小微企业的金融培训将有助于改变这种现状。与此同时,中小微企业对于贷款主体的选择仍然集中在国有商业银行,65%的受访商户首选国有商业银行申办贷款,其次是股份制银行与村镇银行。这一心理偏好势必加重中小微企业融资难度,突显金融产品供需双方的不同意愿,造成中小微企业筹资困难问题始终得不到解决(见图 4)。

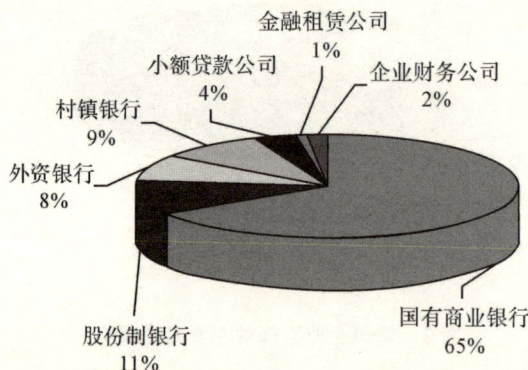

图 4　被调研企业选择的主要贷款机构占比

数据来源:作者根据问卷调查数据整理。

　　(三)市场商户资金利用效率有待提高,企业层次提升亟须金融支持,金融中介服务的需求日益旺盛

　　课题组在调研过程中发现,大多数受访商户对资金的利用能力仍有待提升。75%的受访商户选择任短期资金闲置或简单购买银行金融产品,资金利用效率较

低。这样的调研结果也反映了目前中小微贸易企业的现状,这些企业仍处在相对初期的发展阶段,资金管理意识淡薄。而数量庞大的中小微企业的闲置资金将构成一个相当可观的资金池,科学引导、妥善利用中小微企业的闲置资金既有利于企业自身资金利用效率与资金收益率的提高,同时,提高金融市场的资金流动性,进而提高社会的资金利用率,增强整体经济活力(见图5)。

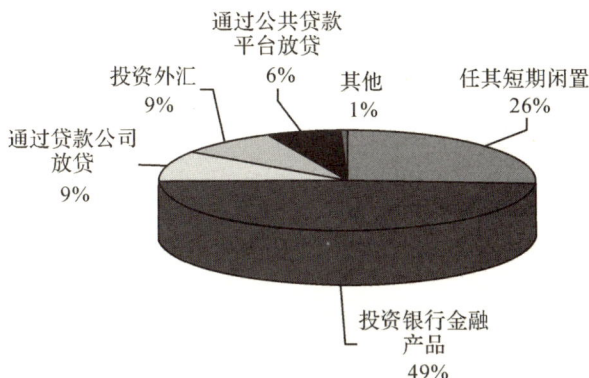

图5 被调研企业闲置资金的处理方式

数据来源:作者根据问卷调查数据整理。

金融支持产业发展的另一个重要领域是金融中介服务领域。金融机构提供金融中介服务产品的种类越丰富、服务能力越强,越有助于推动企业发展,提升企业层次。金融机构的专业服务对中小微企业的层次提升更为重要。受访商户对金融中介服务的需求选择呈现百花齐放的局面,对于包括外汇结算、会计服务、审计服务、业务咨询、投资管理、信用担保及风险规避等在内的多项中介服务选项都吸引了10%左右的受访客户的关注(见图6)。

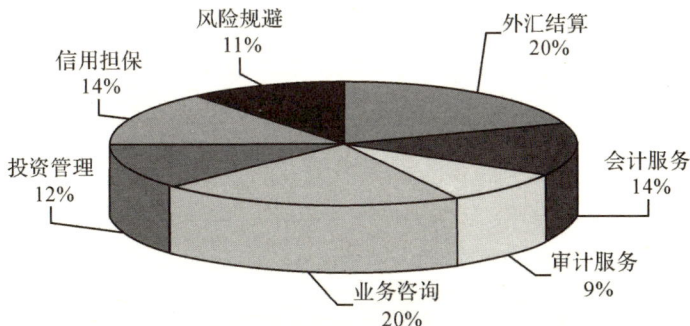

图6 被调研企业选择的主要金融中介服务种类

数据来源:作者根据问卷调查数据整理。

三、义乌国际贸易综合改革试点的金融扶持体系构建

金融发展促进经济增长与产业发展,这一逻辑关系在众多国内外学者的理论与实证研究过程中得到了充分的印证。金融发展推动经济增长与产业发展的过程实际上是借由融资中介和融资市场为产业发展注入资金的过程。将社会有限的资金引导流入哪些区域、哪些行业,以何种方式注入等都在一定程度上决定着一国的金融发展水平。目前,在义乌国际贸易综合改革试点进程中,金融扶持体系的基本落脚点仍集中于企业融资模式改革,但又不仅仅局限在这一层次。义乌国际贸易综合改革试点既是微观主层贸易方式的改革,也是中观产业转型升级的改革,更是宏观经济发展模式的改革。基于此,金融支持义乌国际贸易综合改革试点也需要由企业融资、贸易金融及贸易环境三个层次构成的扶持体系(见图7)。

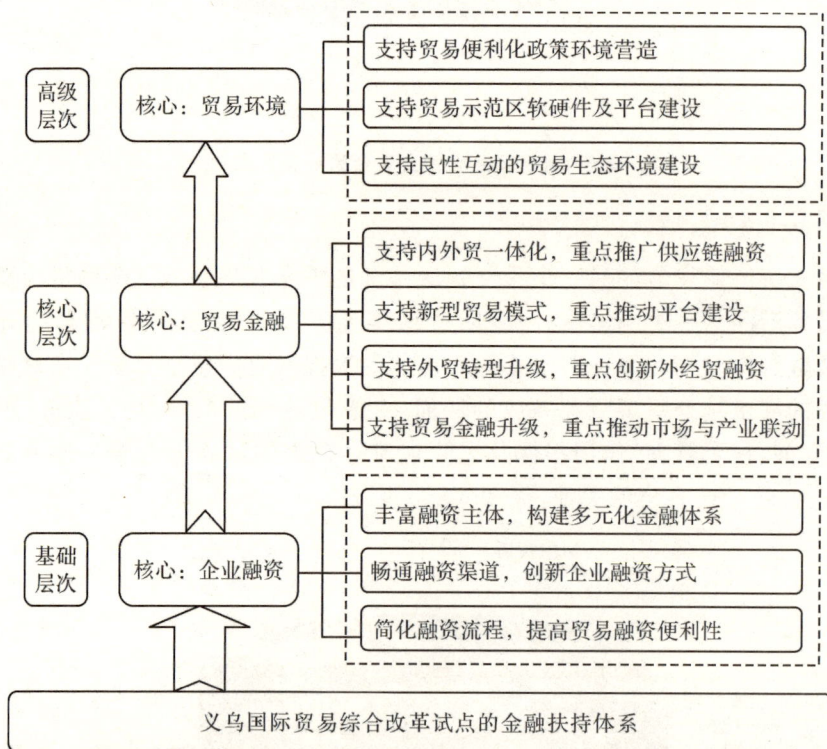

图7　义乌国际贸易综合改革试点的金融扶持体系架构

（一）基础层次阶段重点要拓展资金池,拓宽企业融资渠道,提高企业融资效率

金融扶持产业发展基本落脚点仍然在企业融资模式的不断完善与改进上。义乌国际贸易综合改革试点的金融扶持要破解中小微企业融资难困境,需要在以下

三方面有所作为:

第一,丰富金融主体,构建涵盖政策性金融机构、商业性金融机构、合作性金融机构和新型金融服务组织的多元化金融服务体系,壮大金融服务队伍。原有国有商业银行、股份制银行等金融主体需加大发展力度,加快机构增设,推进金融网点布局,优先保证在义乌的金融服务覆盖。推进农村信用社深化改革,支持义乌的农村合作金融机构、城市商业银行等地方法人金融机构引进战略投资者,支持其发行金融债、次级债,加入银行间债券市场和同业拆借市场,增强资金实力。支持义乌扩大小额贷款公司等新型农村金融组织试点范围,鼓励符合条件的小额贷款公司改制为村镇银行试点,引导民间资本与实体经济有效对接。大力发展村镇银行、贷款公司、金融租赁公司等金融机构,支持鼓励优质民营骨干企业试点主动发起设立村镇银行。鼓励引入信托、租赁、财务公司等非银行业金融机构,为义乌国际贸易综合改革试点工作提供多层次的金融服务。支持义乌引进和培育资信评估、金融仓储、融资担保、会计审计、信息发布和咨询等中介服务机构,培育完善金融市场中介服务体系。

第二,创新企业融资方式,探讨灵活多样的间接融资模式,同时,推动企业充分利用多种形式的直接融资平台,实现直接、间接融资的均衡发展。目前,义乌中小微贸易企业的融资方式仍存在明显的以间接融资为主的趋势。在短时间内,间接融资方式对企业发展的资金支撑作用仍不可替代,因此,需要进一步探讨企业贷款融资的渠道,拓宽商品市场抵押担保物的范围,形成灵活多样的贷款融资渠道,在原有的商铺所有权抵押、摊位使用权抵押基础上,进一步探讨企业特许经营权抵押、企业专利权抵押、企业商标专用权抵押、企业应收货款抵押、企业存货抵押等多种抵押贷款方式。进一步扩大小额信用贷款和联保贷款的覆盖面,支持义乌市场商户通过“抱团增信”、多户联保的方式实现融资。同时,大力支持义乌市国际贸易综合改革试点相关企业和项目利用债券市场拓展直接融资渠道,支持企业发行短期融资债券、中期票据等,依托义乌市场和特色产业集群,支持市场前景好、发展潜力大、技术含量高的优质中小企业发行中小企业集合票据。加强对非公开定向发行融资工具、高收益票据等银行间市场创新产品的研究,进一步探索适合“市场采购”贸易特点的直接融资产品。鼓励产业投资基金、创业投资基金和股权投资基金等发展,利用基金平台,汇集优质民间资本服务企业发展与产业升级。

第三,简化融资手续,提高贸易融资便利化程度,提高金融服务产业的水平与能力。义乌众多中小微企业的资金需求具有“短、频、急、小”的特征,因此,金融支持义乌国际贸易综合改革试点需要不断改善传统贷款业务流程,采取灵活多样的贷款调查审批机制,在控制信贷风险和贷款用途的前提下,建立适合市场商户经营、贸易和融资特点的专业化管理模式和业务流程,不断提高贸易便利化程度,提高金融效率与企业融资效率。

（二）核心层次要紧紧围绕贸易金融，鼓励金融创新，服务内外贸一体化发展需要，推动贸易与金融协同联动，实现经济转型升级

义乌国际贸易综合改革试点金融扶持体系的核心即贸易金融，以推动义乌外贸转型升级，促进内外贸一体化发展，实现区域经济协同发展为主要目标。金融扶持体系应重点关注以下领域：

第一，支持内外贸一体化发展，大力鼓励金融创新，重点推广物流融资产品和供应链融资产品创新，这是金融支持义乌国际贸易综合改革试点的特色之一，也将是义乌金融体系的鲜明亮点。义乌金融体系必须围绕内外贸一体化发展，围绕义乌市场产业链、供应链和贸易物流，以贸易需求带动金融创新，大力开发物流和供应链融资产品，提升市场流通效率。如图8所示，金融机构应遵循产业规律，将生产资料供应商、加工装配企业、批发零售企业及外贸出口企业构建的完整供应链作为服务对象，以外贸出口企业为核心，通过商业银行、出口信用保险公司及政策性银行共同向供应链上下游企业，尤其是供应链上下游涉及的众多中小微企业提供融资服务，为供应链整体健康发展提供资金支持，降低供应链个别环节资金断裂牵连整个供应链断裂的发生可能性。供应链产品融资是金融深入产业体系，推动产业健康发展的重要创新。在此基础上，金融机构还可以将关注的范围拓展至货物流阶段，加强与专业化仓储公司、物流公司的合作，对运输途中产生的货物流、资金流加入管理，完善存货、仓单、应收账款等抵质押贷款业务，进一步探索开展标准化仓单质押、存货浮动质押、动态质押、提货权质押等创新业务推广。

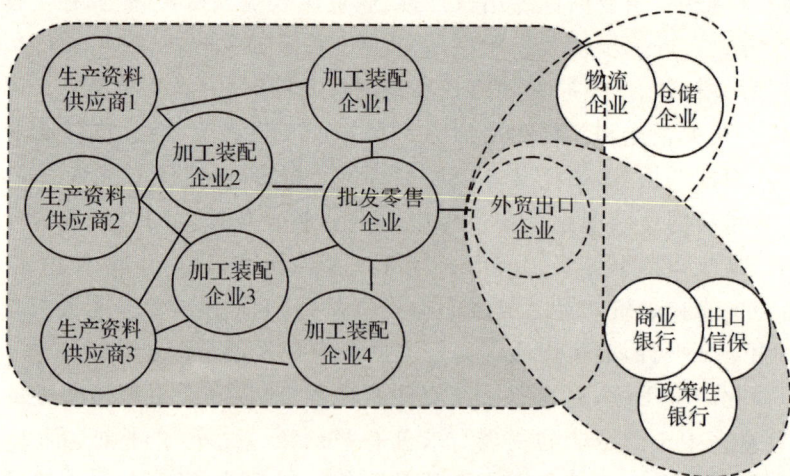

图8 物流与供应链融资机理

第二，支持"市场采购"新型贸易模式，重点推进电子商务平台、国际展会平台等平台建设。义乌国际贸易综合改革试点探索并确立了"市场采购"新型贸易模

式,根据小商品生产、交易特点,海关、检验检疫、税务、外汇、工商等部门加快制定出台与"市场采购"新型贸易方式相适应的监管办法。除外汇部门深化管理机制改革,创新外汇管理模式外,金融机构还需要大力支持服务于"市场采购"新型贸易模式的众多平台建设。其中,建设第三方电子商务服务平台,争取开展非金融机构支付业务,将有助于推进"市场采购"贸易模式的推广。支持鼓励"义博会""文博会""旅博会""森博会"等特色品牌展会做大做强,建设国际展会平台,整合全球行业资源,发挥展会集聚效应。

第三,支持外经贸转型,重点创新外经贸融资方式与避险工具,助力中小微外经贸企业增强风险意识,降低外汇风险与信用风险。各金融机构要灵活运用外汇贷款、买方信贷、预付款保函、押汇、保理、福费廷、保单融资等贸易融资产品,加强银行业金融与出口信用保险机构合作,不断丰富出口信用保险产品种类,重点满足义乌市场商品出口贸易的资金需求。有序推动金融机构"走出去",发展海外经营网络,逐步扩大信用证、托收等国际结算产品的地域范围。继续推进汇率避险产品的培育与创新,加大外汇远期、掉期、期权等避险工具创新和推广力度,设计适合"市场采购"贸易特点和汇率变化趋势的避险产品,帮助企业有效规避汇率风险。积极推进义乌小法人金融机构合作办理远期结售汇业务,为义乌中小外贸企业拓展汇率避险服务渠道。各金融机构要充分利用各自的系统优势和政策传递渠道,积极参与、广泛发动、大力宣传、全面推进跨境人民币业务,推动义乌涉外企业在跨境贸易、跨境投融资活动中使用人民币,为企业涉外经济活动提供便利,提高人民币在对外贸易和投融资活动中的作用。加强个体商户人民币跨境结算试点的可行性研究,推动个体经营户参与跨境贸易人民币结算。各金融机构要结合义乌企业的对外贸易特点及时推出适合企业的跨境人民币金融产品,提升金融配套服务水平,努力为跨境人民币业务构建安全、高效、便捷的结算网络和结算环境,满足企业跨境结算、投资需求。

第四,支持贸易金融升级,重点推行市场与产业联动。

义乌以市场形成的集聚力量带动产业发展,促进贸易模式转变,这是义乌成功的经济发展路径。市场是产品价值链中具有高附加值的营销网络的重要组成部分与表现形式。因此,义乌贸易金融升级的更高要求是以全球眼光谋划义乌经济发展,以市场发展为纽带,在全球范围内搭建小商品营销网络,掌控销售渠道。与单独商家或个别产品营销渠道不同的是,义乌小商品可以通过政府或龙头企业搭建市场平台,带动中小微企业集体"走出去"发展。这是市场带动产业发展的重要探索,在义乌国际贸易综合改革试点框架中有着重要的地位,是重新确定义乌在全球生产分工体系中地位的关键步骤,需要得到金融行业的大力支持。目前浙江省金融机构在支持浙江省企业"走出去"方面也进行了大胆积极的创新,进一步完善了境外投资外汇管理和服务,利用境内企业境外放款和内保外贷等政策,加大义乌企业"走出去"后续融资的支持力度。逐步放宽境内企业对其境外子公司直接放款额度限制,鼓励商业银行直接向境外投资企业发放贷款。支持商业银行按有关规定直接或通过本银行的境外分行或境外代理银行向境内企业在境外投资的企业或项目发放人民币贷款。理顺境外上市流程,继续利用公司政策,大力支持有条件的企业通过境外私募和公募方式,进入海外资本市场。

(三)高级层次要将战略眼光投放在义乌国际贸易生态环境与国际贸易体制机制的建设上,将义乌建设成外贸发展方式转型示范区

义乌国际贸易综合改革试点是中国贸易强国目标的试验区。要实现外贸发展方式的转变,培育优质外贸企业、富有国际竞争力的外贸品牌、健康可持续的外贸发展模式,就需要建设良好的外贸生态环境与科学高效的国际贸易体制机制。因此,在义乌国际贸易综合改革试点金融扶持体系的高级层次要将支持重点集中在具有长期战略意义的贸易生态环境建设、软硬件基础设施与平台建设、国际贸易体制机制建设上。金融机构应大力支持政府简化贸易流程,提升贸易便利化水平。支持结算、授信、信用信息、培训和法律等平台建设,进一步推动银行卡、票据等非现金支付工具的应用,推动银行业金融机构完善并发展网上银行、移动支付等新型支付业务,积极构建安全高效的支付服务体系。积极探索有地方特色的中小企业信用体系建设长效机制,推进中小企业信用信息的征集和更新,探索适合中小企业特点的信用评级模式和评级方法,改善义乌中小企业融资的信用环境。完善对信用担保机构的信用评级制度,促进金融机构与担保机构的互利合作。进一步扩大企业和个人征信系统使用范围,完善信用信息基础数据库,建立健全违约信息通报和失信惩戒制度,加强信用体系宣传,优化义乌社会信用环境。支持构建中小企业公共技术平台,扶持中小企业急需的关键技术、共性技术的研发。支持国际贸易相关人才的培养、培训与创业,提供创业贷款,营造义乌良好的国际贸易生态环境。

四、结论

中国的迅速发展壮大及全球经济形势的巨大变化,使得中国需要重新思考并定位自身在全球生产体系中的地位。中国既不满足于"世界工厂"的定位,又无法简单跨越价值链的低端陷阱。转变贸易发展方式,对中国而言是决定中国未来国际经济地位及在全球生产体系中的地位的重要内容。义乌开展国际贸易综合改革试点的意义在于新型贸易体制的先行先试意义,是产业升级路径的探索实验。义乌的小商品,是中国传统优势产业的典型代表,是劳动密集型产业的典型代表。义乌小商品的产业转型升级在一定程度上将为中国传统产业的转型升级提供借鉴作用,提供路径参考。义乌的小商品整体尚不能占据全球商品潮流的引领者、技术的

创新者、标准的制定者等领军地位。但借助产业集聚效应形成的义乌市场却在产品价值链中把握了重要的环节,即营销渠道。营销渠道是一种生产网络,是一个覆盖了原料供应商、生产厂商、出口商、进口商等贸易主体的网络体系。借助义乌市场的集聚作用,众多中小企业分享了价值链中的高端要素营销网络,这使得众多中小企业在义乌完成了单独小企业无法实现的价值链提升。充分做大做强义乌的市场效应将有可能在更大范围内扩大高端要素辐射的企业数量与产业范围,从而推动区域经济转型升级。所以,金融支持义乌市国际贸易综合改革试点是加快转变外贸发展方式、推动内外贸协调发展、促进地方经济转型升级的关键举措,也是优化信贷结构、深化金融创新、拓展金融业务、促进金融业转型升级的战略机遇。

【参考文献】

[1] 颜剑.义乌金融专项改革方案出炉,拟建义乌国际贸易发展银行[N].上海证券报,2012-05-29(2).

附:国际商贸城调研问卷

调研问卷

尊敬的国际商贸城商户:

本调研受浙江金融教育基金会《义乌国际贸易综合改革试点的金融扶持研究》项目支持,主要针对义乌国际商贸城众多商家开展调研,了解义乌国际贸易综合改革试点的影响及商家的金融需求,调研成果将形成报告提交政府相关部门。本项目将对调研中涉及商家个人信息的内容保密,感谢您的支持与配合。

企业基本情况:(请圈出所选选项)＿＿＿＿＿＿＿＿＿

1.贵公司企业性质:A.自有品牌的生产企业　　　B.代工生产企业　　　C.单纯销售企业

2.贵企业主营产品为以下＿＿＿＿＿＿产品。

一区	1.花类及配件	2.玩具	3.头饰及配件	4.瓷器	5.工艺品	6.珠宝首饰		
二区	7.雨披及伞具	8.箱包	9.电讯器材	10.电子仪表	11.电工产品	12.五金及配件	13.五金厨卫	14.小家电
三区	15.办公用品	16.眼镜	17.体育用品	18.休闲用品	19.化妆品	20.服装辅料		

四区	21.日用百货	22.袜业	23.鞋帽手套	24.文胸内衣	25.线带毛巾	26.围巾领带	27.皮带	
五区	28.食品保健品	29.工艺品	30.日用百货	31.服装鞋帽	32.床上用品	33.纺针织原料	34.汽车用品及配件	

3.贵企业主营业务为:A.内销业务　　B.外销业务　　C.内销兼外销

4.贵企业主要销售方式为:A.批发业务　　B.批发兼零售业务

5.贵企业除市场批发外,是否采用网络销售渠道:A.是　　B.否

如果是,采用以下哪些网络销售渠道销售产品(可多选):

A.淘宝　　　　　B.阿里巴巴　　　　C.中国制造网　　　　D.环球资源网

E.速卖通　　　　F.敦煌　　　　　　G.亚马逊　　　　　　H.当当

I.EBAY　　　　　J.拍拍网

K.其他网络销售_____

6.年营业收入约:

A.50万以下　　　B.50万—100万　　C.100万—500万

D.500万—1000万　　　　　　E.1000万以上

义乌国际贸易综合改革试点(请写下所选选项)

7.义乌国际贸易综合改革试点对贵企业的影响是:　　　　　　　　　　(　　)

A.明显的促进作用　　　　　　　　B.有一定的促进作用

C.感觉不到作用　　　　　　　　　D.有不利影响

8.义乌国际贸易综合改革试点给贵企业带来的最主要的变化是:　　　(　　)

A.国外采购商数量增加　　　　　　B.市场硬件条件改善

C.贸易软环境改善　　　　　　　　D.物流更迅捷

E.产品技术水平提高　　　　　　　F.企业融资更便捷

G.了解政策信息更及时　　　　　　H.政府服务更优质

9.义乌国际贸易综合改革试点后,贵企业的产品出口流程便利程度:(　　)

A.明显简化　　　B.有一定简化　　C.没有变化　　　D.手续更复杂

10.义乌国际贸易综合改革试点下列贸易举措中,请贵企业按重要性打分(1—5分,1分为没必要,5分为非常重要):　　　　　　　　　　　　　　　(　　)

A.简化进出口流程

B.培育科技推广中介

C.建设市场综合服务平台

D.建设中小企业公共技术平台

E.发布"义乌·中国小商品指数"

F. 设立小商品研发中心

G. 设立小商品质量检测中心

H. 完善商户信用监测与评价体系

I. 加快第三方物流建设

J. 设立境外专门市场

K. 发展"中国义乌国际小商品博览会"

L. 建立进出口贸易监测预警机制

企业金融需求：(请写下所选选项)

11. 贵公司最经常采用的筹资方式包括(请按优先顺序排序)：　　　　　　(　　)

A. 银行贷款　　　　B. 亲友借款　　　C. 民间高息贷款　D. 担保公司融资

E. 贷款公司贷款　　F. 企业债券　　　G. 创投基金注资　H. 商业信用融资

I. 发行股票　　　　J. 融资租赁　　　K. 供应商融资　　L. 其他_____

12. 如果贵公司向银行贷款,希望以哪种方式获得银行贷款：　　　　　　(　　)

A. 无担保贷款　　　B. 房产抵押贷款　C. 商铺所有权抵押

D. 商铺使用权抵押 E. 货物抵押　　　F. 产品品牌质押

G. 应收货款质押　　H. 担保抵押

13. 如果贵公司需要增加资本投入,希望向哪些金融机构申请资金：　(　　)

A. 国有商业银行　B. 股份制银行　　C. 外资银行　　　D. 村镇银行

E. 贷款公司　　　F. 金融租赁公司　G. 企业财务公司　H. 创投基金

I. 从来没有贷款融资

原因是：□信誉好,资本雄厚　□管理严格　□有政策支持　□授信额大

□操作灵活　□抵押物选择多　□抵押率较高　□历史原因,向来如此

其他：_____

14. 贵公司选择金融机构的因素主要是：　　　　　　　　　　　　　(　　)

A. 服务质量好　　　　　　　　　B. 金融产品有针对性

C. 长期以来关系良好　　　　　　D. 费用较低

E. 信用好　　　　　　　　　　　F. 其他：_____

15. 贵公司是否需要以下金融中介服务：　　　　　　　　　　　　　(　　)

A. 外汇结算　　　B. 会计服务　　　C. 审计服务　　　D. 业务咨询服务

E. 投资管理　　　F. 咨询顾问　　　G. 信用担保　　　H. 风险规避

16. 贵公司如果有闲置资金,通常选择哪种处理方式：　　　　　　　(　　)

A. 任其短期闲置　　　　　　　　B. 投资银行金融产品

C. 通过贷款公司放贷　　　　　　D. 投资外汇

E. 通过公共贷款平台放贷　　　　F. 其他：_____

17.贵公司如何看待义乌的外汇市场： （　　）

A.规范,不需要调整　　　　　　　　B.规范,但可以改进

C.不规范,需要整顿　　　　　　　　D.不规范,风险很大

18.贵公司主要担心的金融风险包括： （　　）

A.汇率风险　　　B.利率风险　　　C.信用风险　　　D.其他:_____

19.如果贵公司出口产品,愿意采用哪种方式结算： （　　）

A.人民币现金　　　B.人民币汇款　　　C.外汇现金　　　D.外汇汇款

E.信用证

20.如果有机构提供贵公司需要的专业金融、信息服务,贵公司每个月愿意花多少经费在信息服务上? （　　）

A.1000元以下　　　B.1000—5000元　　　C.5000—10000元

D.10000—20000元　　　　　　　　E.20000元以上

21.贵企业目前营运过程中迫切需要的金融服务和相关金融政策有:_____

浙江小企业金融服务模式创新研究[①]

◎董瑞丽

一、小微企业金融服务:现实与现状

小微企业一词是由经济学家郎咸平教授提出的,是对小型企业、微型企业、家庭作坊和个体工商户的统称。小微企业准入门槛低,创办速度快,以劳动密集型产业为主,能创造大量的就业岗位,是我国多元化实体经济的重要组成部分。目前,小微企业创造的最终产品和服务价值相当于国内生产总值的 60% 左右,缴税额为税收总额的 40% 左右,提供了超过 70% 的就业岗位和 85% 的新增就业岗位,在促进经济增长、科技创新、增加就业和维护社会和谐稳定等方面具有不可替代的作用。但与此同时,受制于自身的发展条件,小微企业极易受到外部经济环境变化的影响,在其转型升级发展过程中资金的瓶颈制约因素尤为突出。继 2011 年 10 月国务院推出了支持小微企业发展的财税、金融政策之后,银监会、财政部、发改委纷纷出台相关政策支持小微企业创新发展。这些新政不仅让小微企业看到了曙光,也促使一些中小型银行进一步明确了优化小微企业金融服务的战略定位。

一段时间以来,在国家相关政策措施的指引下,银行业金融机构纷纷创新小微企业金融服务模式,进行了各具特色的小微企业金融服务创新实践与探索。其中以浙商银行为先行代表的小企业金融服务专业化经营模式已日渐成为主流方向,专设的小企业经营机构、专建的小企业产品体系与授信制度体系、专门的小企业授信业务操作流程等系统性做法,拓展了小企业金融服务创新的多维空间。此外,以立足本土金融服务为特色的"草根"模式、以联保与专业担保为特色的"抱团增信"与"桥隧"模式、以贷款业务流程再造为特色的"信贷工厂"模式等,也使得小微企业金融服务在点面结合、量质并举方面收效明显。

———————————

① 项目资助:浙江省金融教育基金会 2012 年度重点项目(2012Z02),课题负责人:董瑞丽,课题组成员:方秀丽、孙颖。

中国人民银行发布的《2013年上半年金融机构贷款投向统计报告》显示,上半年小微企业贷款占全部企业贷款比重上升,农村贷款和农户贷款增速高于各项贷款,贷款结构进一步优化。报告显示,2013年6月末金融机构人民币各项贷款余额68.08万亿元,同比增长14.2%;上半年增加5.08万亿元,同比多增2218亿元。从2013年上半年贷款投向上看,小微企业贷款占全部企业贷款比重上升。2013年6月末,小微企业贷款余额12.25万亿元,同比增长12.7%,增速比同期大型和中型企业贷款增速分别高2.3个和1.9个百分点,比全部企业贷款增速高1.5个百分点。2013年上半年人民币企业贷款增加2.42万亿元,其中小微企业贷款增加1.03万亿元,占同期全部企业贷款增量的42.6%。农村贷款和农户贷款余额15.89万亿元,同比增长17.6%,高于各项贷款增速2.5个百分点。

浙江省作为小企业大省,"十二五"期间,小微企业经济面临着转型升级发展,同时由于银行业竞争策略调整,小微企业贷款业务创新有着外在的刚性需求和内在的现实选择。

(一)浙江小企业贷款业务创新的现实需求

1.小微企业成长发展过程中存在着刚性需求

浙江是中小经济的热土,诸如永康五金、义乌小商品、温州皮鞋等全国性生产基地的浙江块状经济区域中分布着众多的中小企业,占据了浙江经济发展的半壁江山,其中民营、私营企业比重大,小型微型企业数量比重高。据省中小企业局调查,全省中小企业已达260多万家,数量占全省企业的99%以上,其中小型企业或微型企业为150万家左右。数量庞大的小微企业,分布在各行各业,又处在不同发展阶段,且生存形态与融资需求多种多样。在其发展过程中因规模小、自有资本偏少、财务管理水平较低、信誉相对于大企业来说较低、贷款缺乏足够的抵押担保和风险相对较大等自身特点,金融服务需求的满足度较低,因而长期以来一直面临着融资难问题。

全省约有70%的中小企业存在着融资难问题,其中又以中小民营企业居多。近年来国际金融危机的冲击,使处在经济转型升级过程中的小型企业融资难问题变得更加突出。企业成长过程中的资金刚性需求与资金链的短缺严重影响了企业的发展,融资瓶颈矛盾突出。立足小微企业的特质创新小企业贷款产品,推动了银行业务拓展的新空间的形成。

2.银行业经营策略调整面临着现实选择

基于"政府对经济的主导、地区经济运行的质量、地区金融发展和金融信用的基础设施和基础制度"等评价内容在内的金融生态环境评价报告显示,在全国50个大中城市的评价排名中,浙江已经连续数次名列前茅。良好的金融生态环境,吸引了众多省外乃至国外金融机构入驻浙江。浙江本土的金融机构同业竞争加剧,商业银行所面临的内外部压力与挑战尤其严峻,寻求新的战略发展空间已成当务之急。

从 2005 年开始,银监会把促进银行业金融机构改善小企业金融服务列入工作重点,要求各银行业金融机构在执行宏观调控政策的前提下,努力增加对小企业的有效信贷投入。要把对小企业的信贷倾斜作为优化信贷资产结构的具体措施,在年度信贷规模中单列计划、单独管理、单项考评,切实提高小企业授信服务工作的主动性和前瞻性。

在此前提下,各商业银行,尤其是中小股份制银行、本土"草根银行"等,结合当地实际调整经营发展战略、凸显自身业务产品特色、积极拓展当地小企业贷款市场,以寻求新的业务增长点,已经成为银行之间差异化竞争定位、以特色求生存、以灵活求发展的必然选择。

(二)浙江小企业贷款业务创新的现实条件

1.金融监管部门提供政策导向

为积极贯彻落实《国务院关于鼓励支持和引导个体私营等非公有制经济发展的若干意见》,促进和指导各银行不断改善对小企业的金融服务,逐步调整和优化信贷资产结构,加大对小企业的信贷支持力度,缓解小企业融资难问题,自 2005 年起,中国人民银行、银监会等金融监管部门,陆续出台了《银行开展小企业贷款业务指导意见》《关于进一步做好小企业贷款的通知》等政策指导意见,2010 年《中国人民银行 银监会 证监会 保监会关于进一步做好中小企业金融服务工作的若干意见》中就明确提出,要进一步推动中小企业信贷管理制度的改革创新、建立健全中小企业金融服务的多层次金融组织体系、拓宽符合中小企业资金需求特点的多元化融资渠道、大力发展中小企业信用增强体系,以进一步改进和完善中小企业金融服务,拓宽融资渠道,着力缓解中小企业(尤其是小企业)的融资困难问题,支持和促进中小企业发展。2012 年温州金融综合改革试验区的设置,无疑是这种政策导向的又一明显举措。

浙江银监局于 2012 年 4 月 9 日在杭州举办了银行业小微企业金融服务峰会暨宣传月活动启动仪式,旨在探讨进一步提升银行业小微企业金融服务的路径。会议清晰地描述了浙江银监局进一步推进小微企业金融服务的导向,即以还款方式创新、信用贷款试点和专营体系建设为抓手,以引导银行业金融机构加强对科技、节能和环保型企业的信贷支持,推动经济转型升级为切入点服务导向。40 家银行机构签署了"银行业开展小微企业信用贷款试点承诺书",共同向社会承诺,对符合依法合规经营、信用资质良好、经营状况良好、主业突出、负债适度和企业主行为规范六条良好标准的小微企业提供相应的还款方式创新和信用贷款服务。

这些金融监管部门政策措施办法的相继出台与持续的政策导向作用,为小微企业贷款业务创新提供了方向指引与制度保障,形成了外在的小微企业贷款业务创新的巨大推力。

2.地方政府部门搭建实践平台

浙江是小微企业大省,小小企业发展一直是浙江省各级政府工作的重心之一。为有效缓解全省小企业融资这个老大难问题,2005 年,浙江省中小企业局颁布实施《浙江省小企业贷款风险补偿试行办法》,对金融机构当年新增的省内年销售收入在 500 万元以下,且金融机构贷款余额在 200 万元以下的生产型、科技型、就业型等各种所有制形式的小企业产生的风险,由省财政厅每年出资 2000 万元与各地方政府按照 1 比 1 的比例进行配套后共同进行贷款风险补助。据浙江省中小企业局数据统计,到目前为止,省级财政累计已补助 1.58 亿元的财政风险补偿金,59 万家小企业新增贷款 537.87 亿元,这对降低银行贷款风险、推动小企业贷款业务发展起到了积极的促进作用。

为有效解决小企业没有抵押物而融资渠道狭窄的困难,2009 年 8 月,浙江省人民政府、杭州市人民政府分别与中国建设银行、阿里巴巴签署了《网络银行业务合作协议》。由浙江省政府、杭州市政府分别出资 2000 万元,中国建设银行、阿里巴巴分别出资 4000 万元,建立两个 6000 万元的"风险池",用以完善网络银行信贷业务,弥补网络银行业务可能造成的信贷损失。

2012 年浙江省小微企业信用评级试点工作启动,这项工作将实施三年试点推进计划。2012 年,试点评价 2000 家企业。全省除宁波市外各市确定 1 个县(市、区)开展试点,每个试点县(市、区)组织 200 家小微企业开展信用评价。初步建立省级小微企业信用平台,以融资促进为重点,制定信用小微企业优先享受的政策框架,拓宽小微企业融资渠道,降低融资成本。2013 年,评价 10000 家小微企业,进一步完善信用信贷政策、扶持培育政策、融资担保政策。完善省级小微企业信用信息平台,建立信用信息发布、查询系统。探索信用企业在产品营销、企业活动中标注标示企业信用等级的机制,促进信用评价信息的共建共享。到 2014 年末,建立起包括小微企业内部信用管理体系、小微企业第三方信用评价制度、小微企业信用信息征集查询平台和小微企业信用奖惩制度为主要内容的小微企业信用体系。三年在全省试点开展 2 万家小微企业信用评级,通过信用评价,督促小微企业提升质量诚信和责任意识,促进全省小微企业快速发展、高质量发展。小微企业信用评级健全了以政府推动为保障、融资政策为支撑、信用建设为导向、第三方评价为标准的企业信用体系,找到了各方致力解决创新型、科技型小微企业"融资难、融资贵、融资繁、成长难"等具体问题的结合点。

试点期间由省工商银行、省建设银行先行指导制定针对全省信用小微企业的信贷产品,在授信额度、贷款利率、担保方式、新型信贷产品等方面出台优惠政策。

积极创新信用服务,鼓励涉企服务部门、社会组织开发信用产品,促进小微企业转型发展。积极探索并规范企业信用等级在产品营销和企业活动中的标注标示,将信用信息作为企业间进行商务往来时表明企业信用状况的参考依据之一,提高企业竞争力。

"十二五"期间,浙江省政府将集全省之力,以体系深层创新为突破口,打造有全国影响的"中小企业金融中心"和"民间投资管理中心",通过几年的规范建设,建成小企业投融资先行区、民间投资管理创新区和中小企业金融产品交易功能区,逐步形成全国领先的中小企业放贷中心、投资中心、直接融资、中小金融总部集聚、中小企业金融创新和中小金融产品交易定价六大功能区。当地政府部门的积极引导与平台搭建,民营经济与小企业大省的浙江将愈加成为小微企业信贷改革的前沿阵地和中小企业金融创新试验区的开拓者。

(三)浙江小微企业贷款业务创新实践的模式做法与实践成效

在国家政策导向、当地政府措施力推、金融机构积极主动等多因素共同作用下,浙江省金融机构支持小微企业的力度正在不断加大。浙江省银监局的统计显示,2013 年前 6 个月,全省(不含宁波)已通过批量化方式新设立 57 家小微企业专营支行。2013 年上半年浙江省银行业小微企业贷款余额、累放量继续保持全国首位。截至 6 月末,全省小微企业贷款余额达 24642 亿元,比年初增加 1838 亿元,增长 8.1%,高于各项贷款平均增速两个百分点(见表1)。

表1　2013 年 6 月底浙江省内金融机构小微企业金融服务数据统计

(单位:亿元、户)

A	B	C	D	E	F	G	H	I
机构名称＼项目	小微企业贷款（广口径）		小微企业贷款（广口径）户数		用于小微企业		用于小微企业贷款户数	
	本期余额	比年初	本期余额	比年初	本期余额	比年初	本期余额	比年初
商业银行合计	17884.44	1733.28	960577	213627	16195.54	1412.76	515617	47364
银行类金融机构合计	24525.23	1827.05	2252145	109130	21451.75	1585.52	975238	18821.6
全金融机构合计	24642.23	1837.64	2252959	109351	21564.60	1594.71	975630	18876.6

注:1.小企业(广口径)＝小型企业＋微型企业＋个人经营性。

2.用于小微企业＝小型企业＋微型企业＋个体工商户(个人经营性其中项)＋私营企业主(个人经营性其中项)。

以浙江小微企业金融服务改革创新试验区温州市和台州市为例,统计数据显示,截至 2012 年末,温州银行业小微企业贷款余额 3357 亿元,比年初增加 261.67 亿元,增速 7.8%;授信户数 49.1 万户,比年初增加 47229 户,其中贷款户数 43.9

万户,比年初增加 31581 户(见表 2)。

表 2　2012 年 12 月底温州金融机构小微企业金融服务数据统计

(单位:亿元、户)

A	B	C	D	E	F	G	H	I	J
	小微企业贷款			其中:单户授信总额 500 万元以下的小微企业贷款			个人经营性贷款		
	余额	比年初	同比增速	余额	比年初	同比增速	余额	比年初	同比增速
1.境内贷款余额合计	1706.84	191.80	12.66	291.16	26.80	10.14	165110	69.87	4.42
2.授信户数	27379	1317	5.05%	14171	2038	16.80%	463123	45912	11.00%
其中:贷款户数	23565	2463	11.67%	12710	2138	20.22%	415806	29118	7.53%

截至 2012 年末,台州银行业小微企业贷款余额 1898.47 亿元,比年初增加 189.40 亿元,增速 9.9%;授信户数 48.3 万户,比年初增加 21088 户,其中贷款户数 47 万户,比年初增加 23077 户;拓展首贷小微企业 1.7 万户,贷款余额 66 亿元(见表 3)。

表 3　2012 年 12 月底台州金融机构小微企业金融服务数据统计

(单位:亿元、户)

A	B	C	D	E	F	G	H	I	J
	小微企业贷款			其中:单户授信总额 500 万元以下的小微企业贷款			个人经营性贷款		
	余额	比年初	同比增速	余额	比年初	同比增速	余额	比年初	同比增速
1.境内贷款余额合计	804.10	108.64	15.62	169.35	18.84	12.52	1094.37	173.78	18.88
2.授信户数	17664	3310	23.06%	11839	1889	18.98%	465787	17778	3.97%
其中:贷款户数	13822	2086	17.77%	8783	736	9.15%	456276	20991	4.82%

与此同时,小企业贷款业务创新势头不减,连续几年的运作实施,不仅在一定程度上缓和了小企业贷款难的矛盾,而且已对省内小企业的转型升级发展起到了积极的助推作用,效果明显。

在外部相关政策措施的引导下,面对银行业大优客户竞争的日趋激烈,基于浙江经济发展的现实,全省银行业在"扶小"机制建设及业务创新过程中,进行了多种模式、多种类型、各具特色的小企业贷款金融服务创新探索，形成了一定的创新模式，收到了一定的实践经验与实践成效。

1. 以专业化经营为特色的浙商银行模式

小企业贷款"六项机制"决定了小企业贷款的培训机制、激励约束机制、独立审批机制以及核算机制等从现有的银行组织构架中相对独立出来的客观要求。根植于浙江本省的浙商银行自成立以来，一直致力于小企业金融服务组织管理机制的创新实践。浙商银行立足于中小企业服务，坚持"专业化经营和不断探索创新"的基本原则，以设立小企业贷款专营支行为依托，专门探索、试行小企业贷款经营管理运行机制，在制度、产品、流程、考核、培训等方面进行积极创新，逐步形成了"专业化经营、近距离设点、高效率审批、多方式服务"的小企业专业化业务经营模式。继首家专营支行杭州城西支行成立之后，浙商银行陆续在温州、宁波、西安等地开设小企业专营支行，专营机构向县域及乡镇延伸，截至2013年4月末，浙商银行小企业专营机构达70余家，遍布全国11个省市，占其全部分支机构的70%。与此同时，浙江省内众多国有、股份制商业银行开始正视小企业融资，工行浙江省分行、中行浙江省分行、交通银行、平安银行、招商银行等纷纷开设小企业专营机构，到2011年末，浙江（不含宁波）已有各类小微企业专营机构超过900家。2012年，浙江银监局计划在省内（不含宁波）设立小微企业专营机构95家，为鼓励和引导商业银行加大对小微企业金融服务的力度，浙江银监局对设立专业从事小微企业金融服务的专营支行试行批量化筹建、开业，并积极支持地方法人银行机构发行小企业专项金融债，推动小微企业金融资源的优先配置。2012年8月17日，浙江银监局批准了台州银行杭州分行在杭州地区批量化筹建3家小微企业专营支行，这也成为浙江省内首批获准筹建的小微企业专营支行。小企业贷款的集群效应开始显现。

2. 以立足本土金融服务为特色的"草根"模式

浙江不少地方的小法人银行、金融服务机构与小企业有着天然的"亲缘"关系，形成了特有的出身"草根"、服务"草根"的融资模式。如台州市商业银行以广大小微企业、个体工商户、农户为服务对象推出了"小本贷款"，单笔贷款不超过30万元；浙江民泰商业银行规定其小企业贷款余额不得低于总余额的70%；浙江泰隆商业银行"小企业成长伙伴"定位与力推中国式"穷人银行"模式，将服务对象从小型企业、微型企业扩大至被征地农民、外来务工人员、贫困大学生等弱势群体，拓展了银行业竞争的新领域；杭州银行以"发现市场—创新产品—组织营销"的思路和步骤，积极开展小企业金融服务创新；稠州商业银行依托初步发展并日渐繁荣的义乌小商品经济，形成了"市场银行"和"小企业主办行"的发展战略与市场定位。立足本土金融服务的"草根"模式展示了银行服务小企业的全新理念，成为商业银行可持续发展的实践典范,并且这种服务理念已经对大银行产生了影响。工行浙江省分行积极探索的"大银行、小生意、大市场"发展思路;中国邮政储蓄银行浙江省分行依托特有的草根文化特色,致力于为"三农"和城镇社区提供全面、便捷的金融服务。

3. 以联保与专业担保为特色的"抱团增信"与"桥隧"模式

小企业家底薄、财务制度不健全、信息透明度差、抗风险能力弱等先天不足,以及在短期内无明显改观的现实,是小企业融资难的症结所在。作为小企业大省,如何降低小企业贷款风险,为小企业提供更多的融资空间,催生了各种创新信贷模式。"抱团增信"与"桥隧"模式是其中的典范。

作为"抱团增信"的主推行,国家开发银行浙江省分行因地制宜,以担保体系为纽带,集拢多个担保机构整合成一个共同的担保平台,整合政府、担保公司及银行三者的优势,探索实践多样化的小企业信贷方式,支持了一大批缺少抵押物的民营中小企业。建行浙江省分行则以网络银行为平台,携手阿里巴巴,推出了"网络联保"融资新模式,以 3 家及以上的借款企业自愿组成一个联合体,共同向银行申请贷款,每家借款企业均对其他借款企业的银行债务提供连带保证责任,取得了良好的风险规避效果。依托"抱团增信"信贷模式,浙江省内 817 个中小企业项目获得了银行 14.6 亿元的基准利率贷款。

此外,在担保公司、银行和中小企业三方之外导入第四方如风险投资者和上下游企业,第四方事前以某种方式承诺,如当企业发生财务危机而无法按时偿付银行贷款时可以为企业注入现金流,偿还银行贷款,从而架通了信贷市场与资本市场,形成"桥隧"模式。"桥隧"模式的出现,不仅有力地缓解了中小企业融资难问题,而且促进了我国资本市场的发展,理论与实践意义并重,浙商银行、工行浙江省分行开展这类模式贷款已取得了显著成效。

4. 以贷款业务流程再造为特色的"信贷工厂"模式

"信贷工厂"意指银行像工厂标准化制造产品一样对信贷业务进行批量处理,这一运作模式在贷款审批效率、担保方式等方面具有更灵活的特点。特别是在信贷审批流程上,该模式根据中小企业"短、频、快"的融资需求特点,将贷前调查、审批、授后管理等流程全部纳入标准化、工厂式的"流水线"运作,各分工小组各司其职、简化手续,使业务流程在整体机制上协调一致、高效运转。

工行绍兴分行和台州分行进行的信贷业务流程再造,推行扁平化管理,提高了服务效率。主要内容包括:一是简化小企业评级、授信和贷款审批环节,实行小企业贷款关系建立、评级、授信审批和抵押物审批流程四合一;二是建立了信贷业务操作中心,分解了信贷业务操作的前台与后台,防范风险与提高效率双效合一;三是改进了审批部门的操作流程,实行流水线操作,同时实行金融业务限时办结制和服务承诺制。中小企业贷款额标准化流水线操作,为缓解浙江中小企业融资难发挥了积极作用。

5.温州中小企业融资服务中心的改革试验田

温州民间借贷利率水平长期居高不下,这成了温州中小企业融资"不可承受之重"。中国人民银行温州市中心支行监测数据显示,2011年6月份,温州民间借贷综合利率水平为24.4%,折合月息超过2分。2012年3月28日,国务院决定设立温州市金融综合改革试验区时,将"规范发展民间融资"作为首要任务。中国人民银行行长周小川在温州调研时强调,温州金融综合改革应立足温州实际,解决温州当前经济金融运行中存在的"两多两难"(民间资金多、投资难;中小企业多、融资难)突出问题。为此,2012年7月28日,温州中小企业融资服务中心正式挂牌营业,这是继温州民间借贷登记服务中心之后的又一重要金融创新举措,其着眼点在于解决中小企业融资难问题。温州中小企业融资服务中心只为中小企业贷款服务,这是成立的初衷。

温州民间资本充裕,为何中小企业却融资难呢? 一个重要的原因,是传统的金融机构和个人一般只接受房产、汽车等价值相对稳定、容易出手的优质抵押物,而这些中小企业往往难以提供。

温州中小企业融资服务中心为此推出了主要业务为货权等动产的抵押贷款,比如煤炭、钢铁等大宗商品、皮鞋、服装等产品都可以。中小企业的货物抵押后,还可以随时来拿货用于生产,只要把每次提货的相应货款还掉就行了。不过如果货物降价了,借款人要随时补仓。在此基础上又开辟了未来货权业务,中小企业只要拿个供货合同就可以贷款了。但有个前提,供货方必须是上市公司、国企等龙头企业。迄今为止,温州中小企业经由温州中小企业融资服务中心贷款的金额已达21亿元,共700多单,其中1.1亿元来源于民间资金。除了货权抵押贷款,该中心还相继为中小企业量身定制了核心企业与上下游供应商"捆绑授信"融资、应收账款抵押贷款、租金贷、专业市场贷款等金融创新业务。目前,温州中小企业融资服务中心已在河北、山东、天津设立了分公司。

此外,小企业"e融行动"、产业集群融资服务、小企业集合信托债券基金、中小企业贷款保证保险、中小企业金融仓储融资等金融创新型融资方式与融资渠道正在不断开启运行,这些小企业贷款业务创新模式有些已在全国得到推广。

二、小微企业金融服务:问题与难题

(一)小微企业金融服务创新发展过程中面临的外部问题

持续创新发展小微企业金融服务必须以守住风险底线为前提,但由于小微企业自身所处的发展阶段和经营特点,小微企业融资风险一般较大。从数据看,全国小微企业贷款不良率比一般企业贷款不良率平均水平高出近一倍。

1.外部环境变化造成小企业经营困难

小微企业在其创业过程中面临着诸如行业垄断、市场需求不确定性高、前期投入回报率低的现实问题。在历次经济周期调整中,受冲击最大的都是产业底层的小微企业,原材料涨价、劳动力成本上升、人民币升值、电力缺乏、外贸形势变化等多种因素,致使众多小企业库存增加、应收账款增加、坏账威胁增加,经营陷入困境,倒闭与停业现象时有发生。

2.小企业自身经营管理水平有待提高

部分小企业缺乏科学有效的管理,自我约束能力差,经营不稳健,长期以来多头申请银行授信、短贷长用、盲目投资,担保圈与资金链十分复杂且脆弱,资金链断裂的风险事件屡屡发生。

3.民间融资对小企业负面影响深刻

在银根紧缩和中小企业融资难的宏观背景下,一方面是部分小企业借入民间资金用于生产经营与项目投资,民间融资价格奇高,小企业不堪重负,深陷债务纠纷;另一方面是部分小企业脱离主营业务,参与担保公司、典当行等的民间融资活动,将银行贷款资金用于发放民间借贷,即由应急型借钱转变为放贷型借钱,形成规模庞大的影子银行,并最终异化为击鼓传花式的"链状"高利贷,从而引发不同程度的区域性系统性风险。

(二)小微企业金融服务专业化经营过程中存在的内部难题

目前来看,银行业金融机构设立专门办理小微企业贷款的专营支行,专门探索、试行小微企业贷款业务,是持续创新发展小微企业金融服务的有效途径。但因涉及需要打破银行业金融机构原有的架构,困难依然较多。

1.专业化经营机构的建设问题

长期以来,银行业金融机构竞相追逐大企业、大客户,且过分强调抵押,"垒大户"情结浓厚,原有的经营理念、信贷制度与小微企业金融服务要求相去甚远。作为专业化经营小微企业贷款业务的支行机构,不仅仅是组织架构的改变,更深层次的是需要建立一整套专门针对小微企业金融服务的授信制度、贷款产品、操作流程、绩效考核等系列化的运营体系。就当前而言,大多数银行业金融机构还处于起步与探索阶段,尚未形成标准化、可复制推广的专营机构模式。

2.专业化经营人才的培养问题

小微企业管理不规范,账外经营、账外资产与账外负债较普遍,财务报表无法反映其真实的财务状况,因此盘清企业家底,掌握企业真实财务状况需要大量细致的调查核实,花费更多的时间和精力。可以说,相比较大企业贷款业务,对小企业贷款风险的把握更大程度取决于贷款调查,调查工作不仔细、不负责、不诚信必将导致业务的失败。另一方面,小微企业贷款笔均业务量小,交易成本高,客户资源和业务数量的积累过程较长,工作量大、贷款业务单元效益体现较小。这些状况致使大多数已具备专业功底、从事大企业贷款业务多年的客户经理往往不屑于或不愿意从事小微企业贷款业务,要么不愿意转型、要么转型失败。专业化经营人才的缺失已成为各银行机构创新发展小微企业金融服务的主要制约因素之一。

三、小微企业金融服务创新:应变与应对

(一)信贷经营理念要更新

银行对小微企业的金融服务工作是否扎实到位,关键在于信贷经营理念是否科学。科学的信贷经营理念有助于促使银行从可持续发展的战略高度认识小微企业业务市场,积极拓展小微企业授信业务。因此,更新陈旧落后的信贷经营理念是拓展小微企业金融服务首先要解决的问题。

一是要突破"垒大户"的理念。前些年,各家银行集中授信于部分大企业、大客户,导致这些企业的总授信远远超出其实际需求,诱使企业盲目投资扩张,结果在宏观调控中资金链断裂,致使银行尝到"垒大户"之苦果。因此,银行应认真反思,积极通过拓展小微企业授信有效分散风险。

二是要突破"抵押为本"的理念。长期以来,各家银行形成了抵押至上的观念,认为只要企业能提供抵押资产(主要是土地、房产),就不用担心贷款回收问题,与典当行几无区别。过分强调抵押、忽视第一还款来源的信贷经营理念是严重背离小微企业金融服务方向的,是致使小微企业融资难的一大瓶颈。因此,银行业金融机构一定要以科学发展观为指导,建立科学合理的小微企业信贷风险防控机制,积极创新小微企业贷款担保方式。

(二)信贷风险管控要前瞻

针对小微企业金融服务过程中出现的各类风险隐患,必须以控制实质风险为重点,前瞻性地把握。一是可以实行小微企业信贷专职审查制度,专职审查人员与客户经理同时开展实地调查,在落实银监会"四只眼睛"调查要求的同时实现风险关口的前移。二是强化小微企业贷款合规风险和操作风险的管控工作,重点关注借款人与担保人的身份核实、核保核签等方面的操作风险;建立区域房地产价格变化监测机制,及时调整、完善小微企业贷款抵押率、评估基准价掌握标准。三是要密切关注授信客户资金状况与现金流,尤其要注重识别和掌握授信客户参与民间借贷的情况,及时发现涉及债务纠纷的客户,及时采取有效措施防范风险。四是充分利用银行外部相关征信系统,拓宽小微企业信用信息来源渠道,提高小企业授信业务风险识别和控制能力。如"浙江法院法律文书检索中心"系统是浙江各级法院各类诉讼和非诉讼案件的法律文书文件的公示、查询、检索系统。目前该系统包含

浙江法院刑事、行政、民事法律文书合计 45 万余篇,数据相对准确且更新较快,对于了解授信客户是否涉及诉讼及诉讼具体情况均较为方便。

(三)信贷经营政策要调整

银行对小微企业的金融服务实效很大程度上取决于信贷资源配置情况,只有着力调整信贷结构,坚持区别对待,加大对小微企业的信贷倾斜力度,才能切实推进小微企业贷款业务发展。一是银行可以单列小微企业信贷规模,单独考核;二是银行可以单列客户名单,单独授信管理。对小微企业客户进行筛选,将符合国家产业政策与环保政策,以及有市场、有技术、有前景的小微企业作为重点信贷支持对象;三是银行可以单独定价,合理浮动。综合考虑各类小微企业的成长周期、行业特点、区域集群、信用状况、盈利水平等多重因素,以风险定价为原则,科学合理确定利率浮动幅度,实行灵活的结息方式,进一步增强小微企业贷款风险定价能力,完善利率定价机制,在充分考虑小微企业客户承受能力的基础上,适当扩大贷款利率浮动空间,通过市场竞争形成大、中、小、微企业不同的贷款利率定价体系,以体现扶优限劣的信贷经营政策。

(四)服务方式与服务产品要创新

银行业金融机构要积极探索适合小微企业需求的金融服务方式与渠道,开发适合小微企业的金融产品;要增强营销意识,及时为小微企业提供信贷、结算、咨询、代理等方面的金融服务,建立面向市场、客户的小微企业金融业务创新决策机制与营销机制,为不同类型、不同规模、不同层次的小微企业提供针对性的金融服务。一是要加强小微企业信贷管理制度和产品创新,重点在担保方式、风险定价、激励约束机制等方面,对不利于小微企业金融服务的业务流程、操作办法进行梳理,开发符合各类小微企业需求的信贷产品和服务产品;二是要加强资产业务创新,在信贷资产证券化等方面增设试点和提高创新力度,改变银行较为单一的资产结构,提高银行主动运作小微企业信贷资产创造利润的能力;三是要提高中间业务的研发能力,发展低风险、低资本消耗、高技术含量、高附加值的小微企业银行中间业务,切实提高小微企业金融服务创新的质量。

(五)专业人才培养与经营考核机制要科学

小微企业的特性决定了银行对小微企业客户经理的特定要求,一支高素质稳定的小微企业客户经理营销团队是保证小微金融服务水平质量与风险控制的决定因素之一,科学合理的专业人才培养与经营考核机制是这一决定因素的重要保障。

小微企业客户经理首先要具备良好的专业知识和技能,同时,要具有良好的个人品质,诚信、负责、认真、细致、勤奋的工作态度是小企业尽职调查的必要条件。在专业人才培养方面,应从强化小企业从业人员的引进、新设专营机构负责人、业务骨干培训与专营机构人才交流等队伍建设要求方面同时着力。

首先，要加大对专营机构客户经理、营销骨干等各类人才的引进力度，为分支机构储备人才；同时鼓励符合条件的柜面、中后台、公司业务客户经理等员工向小企业业务专营岗位转型。

其次，要加强小微企业金融服务专业化培训。围绕小企业专营理念、制度、流程与产品等，重点加强小微企业金融服务基本理念、基本制度等基础性培训，以及小微企业专属金融产品、业务制度流程培训。开展行内兼职培训师队伍建设和一级区域小贷中心管理人员的培训，由业务骨干带队辅导，边实践边培养；围绕客户综合营销和存款组织理念、业务操作及电子银行机具操作运用、电子银行业务商业模式等重点，加强对营销人员的培训，提高其客户综合开发能力。

最后，实施转型升级类专营机构小企业业务骨干人才输出项目，试行各级网点（尤其是处于培育基础、加快准备阶段机构网点）小贷中心负责人、小企业专营支行或特色行风险监控官（主管）的交流与培训制度。

当前，部分银行业金融机构在改进与完善小微企业金融服务创新发展方面的步伐滞后，其主要原因还在于银行内部的考核机制与小微企业金融服务工作不协调。以市场份额等为核心的考核激励机制客观上不利于调动经营单位及客户经理拓展小微企业金融业务的积极性。因此，采用先进的风险分类技术，合理制定小微企业贷款风险控制指标与客户经理问责免责制度，适当提高小微企业不良贷款容忍度，依据政策及时核销小微企业不良贷款，建立一套有利于激励经营单位及客户经理积极拓展小微企业金融业务的考核机制，对小微企业金融业务单独考核尤为重要。

小微企业金融服务前景广阔，任重道远，在实践探索基础上的不断改革与创新是永恒的主题。

【参考文献】

[1] 尚福林.强化四个认识，提升小微企业金融服务[N].上海证券报，2014-04-28(15).

[2] 巴曙松.影子银行暗藏金融风险[N].证券时报，2011-10-19(9).

[3] 韩克勇.基于中小企业融资难的对策思考[J].湖北经济学院学报，2008,6(5).

[4] 曹燕子.中小企业融资困境的制度性因素分析及相应对策[J].漯河职业技术学院学报，2008,7(3).

[5] 一旦.多项政策帮助中小企业渡难关[J].中国安防，2008(10).

[6] 周萍萍.我国中小企业融资环境与对策[J].现代企业，2007(7).

[7] 陈雅萍.浅析我国中小企业融资[J].价值工程，2009(1).

浙江涉海中小企业的金融支持策略研究^①

◎朱维巍

摘　要：本研究报告立足于浙江，通过对涉海中小企业的概念界定，在进一步明确研究的现实基础和理论依据的基础上，对浙江涉海中小企业进行翔实的调查，分析目前涉海中小企业在发展中面临融资难和竞争力不足的瓶颈，并提出其金融支持体系的构建策略，即：政府的主导地位不变、金融机构的创新不断拓展、非银行机构的强强联手、多方的联动融资平台的构建，以及涉海中小企业自身的潜力挖掘。

关键词：涉海　中小企业　金融支持　策略

一、相关概念的界定

（一）涉海产业与涉海企业

在《海洋大辞典》中，涉海产业是指人类开发利用海洋水资源、生物资源、矿物资源和空间资源，以发展海洋经济而形成的生产事业。涉海产业主要包括海洋行业和相关海洋行业：出海通道建设、海洋运输业、港口设施建设、临港工业及其配套产业；海洋生物医保与保健食品产业；海洋信息产业；海洋旅游业；海洋环保产业；海水淡化产业等。^②

涉海企业是涉海产业的微观主体和细胞，负责生产、捕捞、制造加工、交通运输、勘探开发、销售各类形态的海洋产品和服务，以满足人们的海洋产品需要。根据企业在产业链中的作用不同，可以分为加工制造企业、海洋养殖企业、交通运输

①　项目资助：浙江省金融教育基金会 2012 年度重点项目(2012Z03)，课题负责人：朱维巍，课题组成员：韩国红、邱俊如。

②　孙艳蕾，栾菩菩，王寒，等《涉海产业金融支持系统研究》，《时代金融》，2009 年第 10 期，第 129 至 130 页。

企业、海洋旅游企业、零售企业、港口物流企业等。[①]

（二）中小企业的界定

中小企业是一个相对的概念，即相对于大企业而言，一般来说，难以给它一个规范统一和适应所有行业的定义。目前对中小企业的界定，主要采用定量界定和定性界定两种方法。

定量界定通常采用的数量指标包括雇员人数（从业人员）、资本额（资产额）和销售额（营业额）。在实际运用中，有的国家或地区只要求满足其中一项指标，有的却要求两项或三项指标都符合。

定性界定是对中小企业的功能性界定，一般以企业所有权的集中程度、自主经营的程度、管理方式及其在本行业中所处地位作为衡量标准。

我国 2003 年 1 月 1 日正式实施的《中华人民共和国中小企业促进法》第一章第二条对中小企业有着明确的规定：中小企业的划分标准由国务院负责企业工作的部门根据企业职工人数、销售额、资产总额等指标，结合行业特点制定，报国务院批准。[②]

（三）涉海中小企业的范畴

鉴于本研究的涉海企业主要涉及海洋运输业、海洋旅游业，以及海洋批发零售业，结合 2003 年 2 月 19 日原国家经贸委、国家计委、财政部、国家统计局等印发的《中小企业标准暂行规定》，本研究对涉海中小企业的界定如下（见表 1）：

表 1　涉海中小企业界定标准

行　业	中小企业标准
临港工业及配套产业	临港工业及配套产业中小企业须符合以下条件：职工人数 2000 人，或销售额 30000 万元以下，或资产总额为 40000 万元以下。 其中，中型企业须同时满足职工人数 300 人及以下，销售额 3000 万元及以上，资产总额 4000 万元及以上；其余的为小企业。
渔业和海洋环保产业、海洋生物医保与保健食品产业	渔业和海洋环保产业中小企业须符合以下条件：职工人数 200 人以下，或销售额 30000 万元以下。 其中，中型企业须同时满足职工人数 100 人及以上，销售额 3000 万元及以上；其余的为小企业。 海洋生物医保与保健食品产业中小企业须符合以下条件：职工人数 500 人以下，或销售额 15000 万元以下。 其中，中型企业须同时满足职工人数 100 人及以上，销售额 1000 万元及以上；其余的为小企业。

①　童正卫：《浙江省涉海企业集聚度评价及其影响因素分析》，杭州：杭州电子科技大学，2011 年。

②　黄永明：《金融支持与中小企业发展》，武汉：华中科技大学出版社，2006 年，第 16 页至 24 页。

续　表

行　业	中小企业标准
海洋运输业	海洋运输业中小企业须符合以下条件:职工人数 3000 人以下,或销售额 30000 万元以下。 其中,中型企业须同时满足职工人数 500 人及以上,销售额 3000 万元及以上;其余的为小企业。
海洋旅游业	海洋旅游业中小企业须符合以下条件:职工人数 800 人以下,或销售额 15000 万元以下。 其中,中型企业须同时满足职工人数 400 人及以上,销售额 3000 万元及以上;其余的为小企业。

资料来源:涉海中小企业标准参照国家经济贸易委员会中小企〔2003〕143 号文件。

二、研究的现实基础

(一)政策支持与机遇挑战并存

浙江拥有丰富的海洋资源,中小企业是其经济发展的主体。随着 2011 年 2 月《浙江海洋经济发展示范区规划》的正式批复,浙江海洋经济发展示范区建设上升为国家战略,借助其丰富的海洋资源和区域经济优势,推动转变经济发展方式,优化沿海空间布局,目前已出现了一些粗具规模的涉海中小企业。而专门针对涉海经济的签约金融机构也逐步增多并相继被确定,包括以工、农、中、建等国有银行为首的 21 家银行机构,中国国际金融有限公司证券投资机构、中国人民保险集团公司等 4 家保险机构,以及中国华融资产管理公司和中国信达资产管理股份有限公司等 2 家资产管理机构。

迎接机遇的同时也面临着挑战,浙江涉海中小企业在发展中也出现了诸多问题,如涉海中小企业发展不均衡,资源配置效率不高,主要靠资金和资源的消耗以及廉价劳动力来维持,环境污染严重,产业结构不合理等;最为突出的是,涉海中小企业面临资金不足、缺乏有效管理和相应的政策措施等问题,其金融需求与金融服务支持体系之间的矛盾越来越尖锐复杂,探究中小企业金融支持路径则是真正落实海洋经济可持续发展的根本。

(二)地缘优势成为海洋经济发展的天然动力

浙江是海洋大省,拥有丰富的海洋资源,打造海洋战略型新兴产业基地,尤其是加快发展沿海物流、旅游等海洋服务业和海洋先进装备制造业,已成为浙江发展海洋经济的重点突破方向。除了推动海洋第一产业和第二产业的发展以外,由此衍生的海洋经济第三产业也将有很大的发展空间。从往年的数据可以看出,浙江的海洋水产、海洋盐业、交通运输、海洋旅游业的产值在全国沿海省份中均排名第四,海洋船舶业位居第六。长期以来,丰硕的经济储备和强劲的发展态势让浙江成为我国最具发展后续力的地区。再者,浙江民营经济繁荣,中小企业发展兴盛,使得中小企业在海洋经济及其配套领域的发展成为可能。浙江海洋经济发展示范区发展目标与金融政策支持情况由表2可见一斑。

表 2　浙江海洋经济发展示范区发展目标与金融政策支持情况

战略定位	主要目标	金融支持
大宗商品国际物流中心 海洋海岛开发开放改革示范区 现代海洋产业发展示范区 海陆协调发展示范区 海洋生态文明和清洁能源示范区	2015 年海洋生产总值接近7000 亿元,三次产业结构为6:41:53; 2020 年海洋生产总值突破12000 亿元,三次产业结构为5:40:55,科技贡献率达80%左右,全面建成海洋经济强省。	加强航运金融服务创新,支持区域性银行开发航运金融产品; 高水平建设航运金融积聚区; 支持金融机构、船舶制造企业设立金融租赁公司; 优先批准台资金融机构设立分支机构或参股金融企业,扩大两岸货币双向兑换范围,逐步建立两岸货币清算机制。

资料来源:《浙江海洋经济发展示范区规划》。

三、相关理论研究依据

（一）海洋经济发展与金融支持体系

国外海洋经济发展的金融支持以政府主导型为主,表现在发展政策性保险;围绕抵押、担保、信贷等环节创新投融资机制;采取在政府投资示范、引导和调控基础上的金融合作。金融支持体系对海洋经济发展的推动力主要表现为金融资源倾斜配置、优化金融服务体系、强化货币政策工具引导、加快金融产品创新、拓宽直接融资渠道、促进贸易投资便利化、加强金融基础设施建设等。海洋经济发展的金融支持体系主要是指在沿海地区发展各类金融服务机构,形成政策性金融、商业性金融、合作性金融和新型金融服务组织互为补充的多元化金融服务体系。但海洋经济发展与金融政策和体系的不适应依然是不可否认的,主要表现为巨大的资金需求与融资支持不足之间的矛盾、涉海产业的生产周期与贷款周期的不匹配、资本市场的准入高要求与涉海中小企业发展现状不衔接、海洋保险业等提供的金融服务与涉海中小企业的金融需求存在滞后与脱节现象。

（二）金融支持与中小企业发展的研究

在肯定中小企业于经济发展中的地位和作用的基础上,有学者深入剖析中小企业在发展中所面临的融资需求与融资约束。特别是对于融资约束而言,中小企业发展的瓶颈是“金融缺口”,以及信息不对称、信贷配给与中小企业信贷的融资缺口等问题。并结合实际案例分析我国中小企业发展面临的融资困境和金融支持体系存在的问题,强调银行在中小企业信贷融资中的角色扮演和信贷融资优势;除了银行之外,非金融机构在中小企业发展中所发挥的作用也涉及一二,指出目前我国中小企业金融支持体系主要暴露的问题为中小企业信用担保体系发展滞后、国有商业银行对中小企业的金融支持力度仍然偏弱、以中小企业为主要服务对象的中小金融机构发展不够、风险投资规模偏小和运行机制不健全、缺乏支持中小企业发展的多层次资本市场体系等。近年来,金融创新支持中小企业发展的实践研究也越来越普及,提出"傍大型"下的供应链融资、"调优型"下的专利权质押贷款、"抱团型"下的中小企业集合票据、"提速型"下的"信贷工厂"等多种金融创新模式。

(三)海洋经济可持续发展研究

海洋经济是指一定区域内以海洋资源作为利用对象的各种经济活动和各种经济要素相互关系的总和。该定义从区域的角度对海洋经济进行了界定,明确了海洋经济的区域属性。海洋经济活动的对象是海洋资源,主要包括海洋水体资源、海洋土地资源、海洋生物资源、海洋能源、海洋矿藏资源和海洋空间资源。目前,海洋第一产业逐渐形成生态、高效的产业化发展模式,第二产业已然成为支柱产业,第三产业后续力强,但不足之处也比较突出。比如海水养殖规模扩张严重,造成海洋资源的严重破坏;海洋产业资金供需双方矛盾突出,海洋经济可持续发展的长效机制有待完善。政府要在结构调整和布局优化、环境保护、服务创新、加大金融支持力度、多方联动、培育海洋金融生态环境等方面提出对策。此外,有学者认为海洋经济的可持续发展包含海洋生态的持续性、海洋经济的持续性和社会发展的持续性;而海洋经济可持续发展度的评价指标则包括地区经济发展指标、海洋产业结构指标、海洋经济发展潜力指标、海洋生态环境系统指标等几方面。①

四、浙江涉海中小企业发展现状

(一)发展态势一路走强

浙江省海域面积 26 万平方公里,面积 500 平方米以上的海岛有 2878 个,丰富的海洋资源是其发展的强大支撑。2011 年 2 月,国务院批复《浙江海洋经济发展示范区规划》,为浙江带来前所未有的机遇。同时,浙江也是中小企业大省,涉海中小企业无论在规模和数量上都在增加,已逐步渗透于海洋渔业、海洋旅游、海洋交通运输业、海洋船舶工业和海洋生物医药业等传统和新兴产业中,发挥着越来越大的作用,也创造出大量的就业岗位。

据浙江省中小企业发展研究中心发布的《2005 年浙江中小企业发展报告》显示,到 2004 年底,浙江各行各业拥有的各类中小企业 30.41 万家,中小企业数量占

---

① 秦宏、孙浩杰:《海洋经济可持续发展度实证分析:以山东省为例》,《东岳论丛》,2011 年第 1 期,第 139 页至 142 页。

全部企业单位数的 99.6％，资产总量占 82.6％，从业人员占 82.7％，营业收入占 71.7％，规模以上工业企业上交的 773.83 亿税金中，中小企业就占了其中的 87.5％，达到 677.15 亿元。

（二）金融投资力度逐步加大

截至 2011 年 10 月末，浙江全省海洋经济领域的贷款余额高达 2183.2 亿元，比年初新增 303.4 亿元。其中以舟山为例，在大力发展海洋经济的主旋律下，舟山市近 40 家金融机构在信贷规模趋紧的情况下，坚持对海洋经济的支持，加大对涉海产业的贷款力度，2007 年，对船舶工业等海洋特色行业新增贷款 58.86 亿元，占全部贷款新增额的 53％（见表 3）。[①]

表 3　2007 年舟山海洋特色行业贷款情况表　　　　　单位：亿元

行业	贷款余额	比年初新增额
船舶工业	57.89	22.8
海运业	50.31	15.69
港口物流业	20.77	9.07
水产加工业	31.31	4.38
临港石化业	5.48	2.73

除了新增贷款额度，各金融机构，特别是农信联社还积极针对涉海中小企业创新金融产品，开展渔船抵押贷款业务，允许渔民以船运证、渔船产权证、捕捞证等为抵押物申请贷款，有效支持涉海中小企业的发展。

对涉海中小企业的金融支持还体现在金融产品的创新上，特别是在舟山等沿海区域，金融机构着重寻求涉海中小企业融资的抵押担保问题的解决之道。比如，工商银行舟山市分行就推出了小企业经营性物业按揭贷款业务和个人住房最高额抵押循环贷款业务，一定程度上满足了涉海小企业、个体工商户的小额贷款需求。

（三）金融支持体系逐渐完善

2011 年，人民银行杭州中心支行会同省海洋办出台了《关于金融支持浙江海洋经济发展示范区建设的指导意见》，从加强金融资源倾斜配置、优化金融服务体系、强化货币政策工具引导、加快金融产品创新、拓宽直接融资渠道、促进贸易投资便利化、加强金融基础设施建设等多个方面提出了 20 条政策意见，全面构筑海洋经济发展的金融支撑体系。同年，浙江省政府与农业银行、工商银行、中国银行、交

---

①　章洪刚，王瑾：《浙江海洋经济发展及金融支持问题研究》，《新金融》，2013 年第 2 期，第 50 页至 53 页。

通银行等28家金融机构总行签署了金融支持浙江海洋经济发展合作协议,各金融机构将在资金保障等方面全力支持浙江发展海洋经济。当然,海洋高技术产业所具有的高风险、高投入以及回收周期长等特点,使得海洋金融很大程度上还主要依赖于传统的融资模式,针对海洋经济发展的专业化金融机构还比较缺乏,也相对缺少适应现代化海洋经济需要的融资产品和风险管理产品,这些都是未来金融支持体系需要完善的地方。

五、浙江涉海中小企业发展存在的瓶颈

(一)永恒的主题——融资难

"不借是等死,借了是找死",这是对目前中小企业融资状况的真实写照。根据银监会测算,目前我国大企业贷款覆盖率为100%,中型企业为90%,小企业则仅为20%,中小企业融资难问题已成为一个不争的事实。据统计,2011年上半年浙江省金融机构新增贷款同比减少925.2亿元,其中大多数缩减于中小企业的贷款中,特别是小微企业,不得不转而求民间借贷。民间借贷的利率因此水涨船高,2011年6月综合利率达24.47%,接近基准利率的4倍,也就是说,小企业的利息净支出已"吞掉"其利润的1/3。

中小企业融资难最根本原因是中小企业融资市场的缺失,对于银行等主流金融机构而言,优质的中小企业必然是其战略争夺的重点,但是产生呆账坏账的高风险概率又让银行业信心丧失;对于中小企业来说,融资渠道的狭隘和贷款"歧视"是抹不掉的伤痛;而其他的金融机构,诸如可以作为第三方的担保公司,虽然可以缓和借贷双方信息不对称的局面,一定程度上缓解风险,但往往达不到严格的资本金要求,作用有限。

(二)瞬息万变的现实——竞争力不足

浙江省一直关注海洋经济的发展,提出不断优化海洋产业项目布局,加快调整海洋渔业结构,发展新兴海洋工业。新的竞争环境下,涉海中小企业要客观审视自身的现状,对比沿海其他省份,乃至台湾和香港,浙江涉海中小企业还存在很多的不足,如缺乏品牌效应,企业挣的都是苦力钱;技术档次偏低,创新能力不够,结构单一;产品的生产成本优势不明显,要素资源紧张;管理水平较低,其中90%属于家族制的中小民营企业,产权制度不清晰,管理方式滞后。各种弊端显示,涉海中小企业在瞬息万变的竞争社会中,需要在技术层面、规模化发展、产业结构调整与优化、民间资本介入、市场营销等领域不断地扩充实力,提升自身的市场竞争力。

六、涉海中小企业金融支持体系的构建

（一）政府应发挥在海洋经济发展中的主导作用

目前,政府在海洋经济发展中承担主导地位,主要借助政策性的导向加大对海洋经济的扶持力度,提高政策性补贴,引导更多的中小企业参与海洋经济发展。此外,政府对海洋经济的筹资、融资服务力度加大,对海洋产业提供低息、无息贷款或延长还贷期限。为了解决海洋经济的资金短缺困境,政府还引导、调控金融合作项目,创新投资渠道,为涉海企业提供特色金融服务,形成投融资新体系。

政府还积极参与金融支持体系的构筑,为资金提供建造强有力的后盾,大力推进涉海中小企业信用体系实验区建设,营造有利于沿海地区中小企业融资的良性信用环境;着力扩大支付清算系统在沿海和海岛地区的覆盖面,鼓励并支持银行机构创新推出适合涉海中小企业发展的政策环境和支付环境。

此外,政府还应在现有基础上加大对涉海中小企业的资金投入力度,特别是对于发展前景好、资金缺口大的中小企业给予一定的财政资金补贴,或采取减免财政税收和提供科技支持等援助方式,缓解涉海中小企业融资难、发展空间狭小的限制。

（二）金融机构勇于创新融资模式、拓宽融资渠道

浙江省政府联合全省金融业全力支持浙江海洋经济发展示范区建设,从加强资源集聚、鼓励先行先试、加快金融创新、拓宽融资渠道、提升金融服务、深化多方合作等方面入手,强力打造金融支持体系。

各家金融机构首先要加大对涉海中小企业的信贷投放力度,突出向舟山海洋综合开发实验区的金融资源集聚,特别是向一些涉海科技型中小企业集聚,以无偿资助、贷款贴息、奖励等方式扶持创业初期的科技型中小企业,集中要素资源、降低成本、分散风险、扩大市场,形成规模经济和范围经济。加大对涉足现代海洋产业的中小企业的金融支持,包括海洋新兴产业、海洋服务业、临港工业、海洋生物医保等领域的中小企业。

以银行为首的金融机构还应创新融资模式,除了提升对涉海中小企业的金融服务,优先安排信贷资金用以支持与重大港口基础设施建设、物资储备基地建设和集疏运项目建设有关的中小企业发展,还应大力发展多种融资模式,创新资金投入的形式,满足涉海中小企业的资金需求。银行机构还与信托公司、财务公司、担保公司等机构加强合作与联系,积极扩大债券融资规模,扩宽涉海中小企业的融资渠道,引导各类社会资金投入海洋经济发展,多渠道扩大海洋经济发展的社会融资总量。

（三）非银行机构联手打造全方位金融支持体系

1.担保机构的规范发展有助于缓解涉海中小企业的融资困境

近年来,浙江省担保机构发展迅猛。据浙江省信用与担保协会在 2012 年发布

的统计数据显示,截至 2011 年 11 月底,全省已有中小企业信用担保机构 378 家,担保资金总额 170.56 亿元,已累计为 12 万家中小企业提供了 26 万笔担保贷款,担保贷款总额达 2000 多亿元。担保机构主要面向符合国家产业政策重点扶持条件的中小企业开展信用担保业务,为浙江的涉海中小企业发展创造了良好的融资环境。但也要看出,担保机构目前也面临着诸多的问题:首先是资金来源的不足和补偿机制的缺乏。据统计,2005 年浙江省担保企业的风险补偿金仅有 250 万元,但却解决了一万多家中小企业的融资难问题,可见其后续发展力薄弱。其次,由于信用评价体系的差异、合作标准的不同,造成担保机构与银行金融机构之间的合作还不是很默契。最后,涉海中小企业信用管理体系目前还不是很健全,可操作性也不强,对担保机构的业务开展也提出了巨大的挑战。

针对上述各项问题,担保机构也要迎难而上,改善现有的条件。借鉴许多国家的经验,中小企业信用担保体系的建立是推动中小企业发展的有效途径之一。对我们而言,最关键的是要增加信用担保机构的资金来源,可以通过政府预算拨款、各项担保基金的参股,以及民间资本的注入等形式以增加担保机构的实力。此外,要积极理顺担保机构与银行之间的关系,构建贷款银行、受担保涉海中小企业与担保机构之间的风险共担机制,比如担保机构可以承担 60%—70% 的风险,其他部分由银行承担,分担风险也是为了更好地合作与共赢。当然,担保机构也要积极创新产品,为涉海中小企业量身定做担保品种、方式和程序,尝试销售合同担保、提货单证担保、银行信用证担保等业务,创新联合担保等方式,满足涉海中小企业的融资需求。

2.金融仓储公司为涉海中小企业融资架起了桥梁

长期以来,中小企业渴望银行信贷的支持,而商业银行也想拓展中小企业贷款的业务领地,无奈风险难以评估,中小企业和银行之间缺少一个桥梁与媒介,金融仓储便应运而生。所谓"金融仓储"是指金融仓储企业作为第三方为银行业开展仓储金融业务提供仓储保管、监管、咨询等系列服务活动。简而言之,就是银行抵质押品的仓储保管监管业务。目前,浙江金融仓储业务主要有两大类,一是第三方动产监管业务,二是标准仓单业务,以前者为重心。

比如一家涉海中小企业急需资金周转,但又没有不动产提供抵押,这时可以寻求金融仓储的帮助,对其现有的库存进行评估鉴定。随后,根据金融仓储的评估鉴定结果,银行、涉海中小企业和金融仓储三方共同签订协议,要求涉海中小企业把评估鉴定的库存移交给金融仓储,待金融仓储接管完毕后,银行给予这家涉海中小企业适当的授信。由此可见,金融仓储破解了涉海中小企业和银行两方的难题,一方面可以解决中小企业融资难问题,另一方面可以减少银行的贷款风险,在两者之间架起了一座桥梁,特别是对于无固定资产、无房产的涉海中小企业融资难问题,具有一定的社会价值和经济价值。

3.风险投资为涉海中小企业扩大再生产提供可能

风险投资是指投资于极具发展潜力的风险企业并为之提供专业化经营服务的一种权益性资本,以期在被投资企业发展成熟后,通过股权转让获取中长期资本增值收益的投资行为。风险投资主要投资于非上市的中小企业,流动性较小。风险投资与中小企业发展相得益彰,能有效弥补目前中小企业资金需求上的困境。

浙江涉海中小企业创业成本较高,而成功率较低,需要有雄厚的资金支持。但就目前省内的风险投资公司的情况而言,其80%的资金来源是政府财政拨款,单一的资金来源必然影响投资效率。为了更好地促进省内涉海中小企业的长期发展,风险投资公司首先要拓宽资金来源渠道,让资金的使用通过市场调节来实现,依靠政府优惠政策扶持,试行有限合伙制,引导更多的民营资本入股。再者,风险投资不是以获得股份分红为目的的,而是在企业成长、成熟后,通过转让其股权以获得收益并退出,并用退出的资金再投入其他风险企业。可见,风险资本的退出渠道与投资是同等重要的,若想发挥风险投资的作用必然要构建完善的风险资本退出机制:建立一个有活力、规范化的低成本、低上市标准的二板市场;发展完善 OTC 市场(场外交易市场);规范产权交易市场,统一产权交易法律法规等。①

4.典当融资成为涉海中小企业发展的快捷路径

"十一五"以来,浙江省典当业得到了较快发展。截至2012年6月底,全省共设立典当企业450家(包括宁波75家),分支机构50家,注册资本75.35亿元。典当融资简便快捷,门槛低,当期灵活,贷款用途不受限制,不需要信用调查,也不需要他人担保,而且它的对象主要针对中小企业或个人,与银行贷款对象形成了互补,已然成为近年来中小企业融资催生的热门业务。典当融资自然也有它的软肋:它只是短期贷款,对于长期资金需求不足的涉海中小企业而言有难言之隐;同时,还存在着市场风险、操作风险和信用风险等,不确定性较大。

让人欣慰的是,浙江典当行业一直致力于服务中小企业,积极发挥小额、短期、灵活的业务特色。未来的典当融资应继续发扬短期融资的优势,在降低涉海中小企业融资成本的同时,不断优化资产价值评估服务和质押贷款服务等内容,制定服务套餐;针对涉海中小企业的特点、行业背景、个性化需求等,积极创新产品,使典当融资气候化、规模化。

---

① 丛菡:《浅谈创业风险投资对中小企业融资作用》,《财会通讯》,2010年第3期。

（四）政府、银行、担保机构、企业四方构建联动融资平台

为了更好地解决涉海中小企业融资难问题，早在几年前，政府、银行、担保机构、企业四方联动，成立了浙江省中小企业融资平台温州组团，直接为温州中小企业融资服务，标志着浙江省委解决中小企业融资问题的又一次创新探索。事实证明，四方联动的融资平台能更好地集结各方优势，在完善风险评估决策机制和贷后监督检查机制的基础上，把加强风险控制放在首位，向涉海中小企业发放"短、小、频、快"的贷款产品和服务，适当情况下放宽贷款期限和贷款限额，满足涉海中小企业多样化的融资需求。随着政府、银行、担保机构、企业四方联动融资平台的推广，势必在全省形成规模效应，既能充分发挥融资平台各方的优势力量，又能提高整体的信用水平和抗风险能力，扩大业务的覆盖面和影响力。

（五）涉海中小企业海里"淘金"，不断挖掘新优势

浙江涉海中小企业要积极挖掘自身坐拥浙江 6696 公里的海岸线的地域优势和环境优势，依托丰富的海洋资源，挖掘自身的海洋生产潜力。浙江涉海中小企业要勇于在海洋经济领域中下海"淘金"，在巩固传统海洋产业优势的基础上，积极开发新兴产业，既要考虑企业自身的发展实力和资金需求情况，又要放眼涉足海洋领域的未来发展前景，不断地开辟新领域，创造新优势，在激烈的海洋经济竞争中逐步壮大实力，抢占战略高地。

七、结束语

本课题在调研过程中得到了课题主办方和学院各级相关部门的支持与帮助，无论是立项、开题，还是后期的调研活动，均得到课题主办方和学院的鼎力协助及相关的技术指导，使得本课题能够在研究期限内完成研究报告的撰写。在资料收集、调研，以及后期的调查报告撰写过程中，课题组也遇到了很多的困难与挑战，主要有以下几个方面：

1.摸着石头过河，在实践中锻炼

本课题是关于浙江省涉海中小企业的金融支持研究，有关金融支持的研究文献比较多，但涉海中小企业所涉及的领域及内涵界定至今没有明确的概念，需要课题组根据自己的调研情况和研究内容加以确定和解释。

2.下海捞针，数据收集难

有关涉海中小企业金融支持内容的研究，不仅涉及涉海中小企业的目标圈定和数据收集，还要调研大量的金融机构和非金融机构，掌握相关部门在涉海中小企业金融支持领域的投入力度，涉及部门多，牵扯的区域也广，很多历史数据难以参考，仿佛大海捞针，无形中增加了研究的难度。

【参考文献】

［1］武靖州.发展海洋经济亟须金融政策支持[J].浙江金融,2013(2):15-19.

［2］黄永明.金融支持与中小企业发展[M].武汉:华中科技大学出版社,2006.

［3］章洪刚,王瑾.浙江海洋经济发展及金融支持问题研究[J].新金融,2013(2):50-53.

［4］吴明理.海洋经济可持续发展及金融支持问题研究[J].金融发展研究,2009(7):35-38.

第四篇

金融创新实践探讨

构建普惠制金融体系研究:金融宽度视角^①

◎姚星垣

一、引言

普惠制金融概念的产生源于二十多年前发展中国家传统的农村金融政策普遍失败的背景下,以服务于贫困或低收入群体的小额信贷运动的兴起和发展。普惠制金融的兴起,契合了各界有识之士对当今世界基于贫富差距扩大而带来的一系列问题的反思和探索。由于普惠制金融的概念简单明了,现实需要迫切,因此深受欢迎。自 20 世纪七八十年代开始,以穆罕默德·尤努斯创办孟加拉格莱珉银行,提供小额贷款为典型代表,世界范围内掀起了一股普惠金融的热潮。

但是,由于各地的经济背景、文化制度存在巨大的差异,小额贷款这种模式的普惠金融的实践往往具有较强的时代、地域和民族特征,一时一地的成功似乎难以在他时他地复制。而且,仅仅依靠小额贷款一种模式,其自身的生命力和适用性也受到较大的制约。为此,人们在实践中开始反思小额贷款自身的局限性和改进措施,进而反思普惠制金融的其他路径。不少学者提出了构建普惠制金融体系的思路。

那么,什么是普惠制金融体系?如何构建普惠制金融体系?焦瑾璞和杨骏(2005)从服务对象的特定性、金融服务产品和功能的全面性以及金融机构的多样性等三方面初步刻画普惠制金融体系的含义。杜晓山则认为,普惠制金融体系的理念是满足所有需要金融服务的人,包括所有地区,穷人、富人等,所有有需求的人都可以平等地享受金融服务。普惠制金融体系需要以小额贷款为主要载体,并从客户层面(贫困和低收入客户)、微观层面(金融机构)、中观层面(金融基础设施)和宏观层面(法律和政策框架)来构建。陆磊、王颖(2010)认为普惠制金融是介于政

① 项目资助:浙江省金融教育基金会 2012 年度重点项目(2012Y22),课题负责人:姚星垣,课题组成员:汪卫芳。

策性金融与商业性金融之间的合作金融形式,并从普惠制金融实施的实际难点出发,提出普惠制金融体系建设必须立足于金融增量改革,需以社区型金融机构为载体构建中国普惠制金融框架。

这些观点都是对构建普惠制金融体系的有益探索,但是笔者认为,普惠制金融体系的构建,并不能局限在传统金融体系的框架内,也不应过分关注提供普惠制金融产品和服务的机构应当是政策性、合作性还是商业性的争论上,而是应该在深入剖析现有普惠制金融的供求矛盾的基础上,以更开放的视野和更广阔的渠道,多管齐下,因地制宜地构建普惠制金融体系。

二、普惠制金融的机制扭曲和价格扭曲

现有的普惠制金融产品和服务,从实践层面看,供求双方似乎都存在着难以克服的障碍和诸多的困难。

从需求方来看,现有的普惠制金融并不普惠。从金融产品和服务需求的主体来看,目前难以获得金融服务的主要是低收入者和中小企业,尤其是小微企业。这些金融市场上的弱势群体对金融产品和服务的可得性极低。

从供给方来看,当前能够提供的普惠金融服务十分单一。当前的普惠金融主要把小额贷款作为实施金融普惠的主要工具,但是不少地方的小额贷款的单笔金额仍然偏大、定价机制比较原始,低收入者和小微企业获得这些小额贷款的成本仍然偏高。

从供求双方的相互作用来看,目前供给远远小于需求,处于一种机制和价格双重扭曲的非均衡状态。所谓机制扭曲,表现为现有的商业性金融机构没有足够的动力提供普惠金融服务,而政策性金融机构所能提供的规模又极其有限;而合作性金融当前发展停滞,缺乏其生存的生态和土壤。所谓价格扭曲是指,在机制扭曲和供求矛盾的基础上,本来应该在价格上(金融服务成本)予以优惠的普惠金融往往价格高,不少主体因为难以负担相对其收入而言高昂的成本而不得不放弃。

如图1所示,一般主体对金融产品的需求和供给曲线分别为 D 和 S,均衡位置为 E,此时对应的均衡数量和价格分别为 Q 和 P。但对于普惠制金融这个特殊的局部市场而言,在特定时刻,特定金融机构以及一般商业金融机构在政策引导、支持下,能够提供的普惠金融服务是有限的,假定为 Q_S,而普惠金融的潜在需求数量相对较大,假定为 Q_D,$Q_D > Q_S$,因此对普惠金融市场而言,存在较大的缺口,即 $Q_D - Q_S$。

由于普惠制金融缺乏激励,与一般商业性金融相比,其供给曲线更加缺乏弹性,由 S 变为 S_1,而对于普惠制金融的服务对象而言,低收入者由于自身的贫困,实际上对外部资金的依赖性更大,或者说存在生存意义上的刚性需求,因此其需求

曲线弹性更低,更为陡峭,此时对应的均衡数量和价格变为 Q_1 和 P_1,并且 $Q_1 < Q$,$P_1 > P$。值得注意的是,由于普惠制金融服务的对象往往难以承受这样相对的高成本(利率),因而会有部分需求者被动退出市场,需求曲线平移为 D_2,那么新的均衡数量和价格变为 Q_2 和 P_2,此时有 $Q_2 < Q_1 < Q$,$P_1 > P_2 > P$,即规模进一步萎缩,价格则有所回落,但是仍然高于初始均衡水平(见图1)。

因此,在机制扭曲和价格扭曲的环境下,以原有小额贷款模式为代表的普惠金融仍将只能维持在较小规模和较高成本的水平,普惠制金融难以真正普惠。

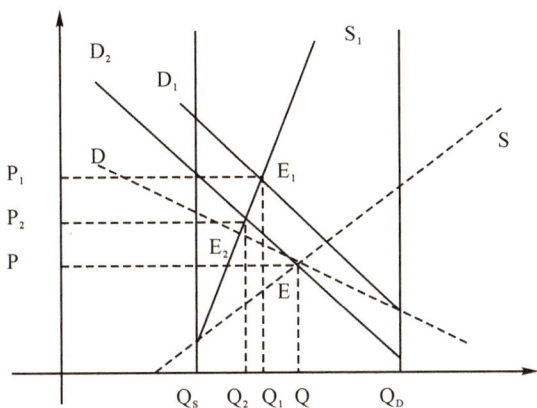

图1　普惠制金融的供求关系

三、普惠制金融体系构建的深层次障碍

从深层次原因看,当前普惠制金融面临着自身定位不清晰、持续发展动力不足的问题。从已有的研究和普惠制金融实施的难点来看,当前普惠制金融体系构建至少存在以下两方面的困惑:

第一,普惠制金融既然称为普惠,其服务的对象是否应该有相对明确的边界?

第二,提供普惠金融服务的机构,是专业的机构,还是兼营的机构? 这些机构的定位是政策性、商业性还是合作性?

笔者认为,第一,普惠制金融是一种连续提供金融产品和服务的体系,而不能仅仅理解为只针对低收入人群的金融。因此,普惠制金融涵盖政策性金融、合作性金融和商业性金融等类型。

第二,普惠制金融体系的构建,从业务设计和机制运作层面,要改变现有政策性金融偏位、合作性金融缺失和商业性金融错位的局面。

所谓政策性金融偏位主要表现为当前的政策性金融对缓解低收入者的金融排除现象效果有限。

当前金融产品和服务存在金融排除(Financial Exclusion)现象,即经济主体被主流金融所排除。国内不少学者主要是从地域的视角和城乡分割的角度论述金融排除现象,这是金融可得性低的一种表现,尤其是低收入者金融可得性较低。

当前政策性金融的主体是政策性银行(policy lender/non-commercial bank),是指由政府发起、出资成立,为贯彻和配合政府特定经济政策和意图而进行融资和信用活动的机构,主要有中国国家开发银行、中国进出口银行和中国农业发展银行。一般来说,政策性银行的政策性体现在贷款利率较低、期限较长,有特定的服务对象,其放贷支持的主要是商业性银行在初始阶段不愿意进入或涉及不到的领域。例如,国家开发银行服务于国民经济发展的能源、交通等"瓶颈"行业和国家需要优先扶持领域,包括西部大开发、振兴东北老工业基地等;进出口银行则致力于扩大机电产品和高新技术产品出口以及支持对外承包工程和境外投资项目;农发行主要承担国家政策性农村金融业务,代理财政性支农资金拨付,专司粮棉油收购、调销、储备贷款业务等。

不少国家都有专门服务中小企业和低收入者的政策性银行,例如日本设立有农林渔业金融公库、中小企业金融公库、中小企业信用保险公库;韩国设有中小企业银行;法国设有中小企业设备信贷银行等政策性银行。与其他国家相比,我国的政策性金融服务低收入和小微企业的特征并不显著。

所谓合作性金融缺失,主要表现为当前我国真正的合作金融出现了真空。

合作金融是按合作制原则组建起来的一种金融组织形式。1995年国际合作联盟对合作制金融确定了7条原则:自愿开放的原则;民主管理,一人一票的原则;社员入股,按交易量分配的原则;自主经营、自担风险的原则;教育、培训的原则;合作社间的合作原则;关心社区发展的原则。在当前真正的合作模式缺失的情况下,需要根据实际情况,探索发展互助金融,作为一种准合作金融模式。

尽管农信系统是一种"准合作"金融组织,但是随着农信社改革的深化,这种合作特性日益缺失,逐步向商业性金融机构靠拢。

所谓商业性金融错位主要表现为商业性金融与普惠制金融的市场定位存在错配。

由于政策性金融偏位,合作性金融缺失,当前普惠金融的重任似乎只能由商业性金融来"补位"和担当。但是其商业性的地位决定了难以扮演好这个角色,补位不成,反而成了不伦不类,表现为规模有限,价格偏高,造成上文分析的机制扭曲和价格扭曲局面。

四、基于金融宽度视角的普惠制金融

毋庸置疑,金融在现代经济发展中做出了重要贡献。尽管金融可以分为商业

性金融、合作性金融和政策性金融,但是从金融的核心功能来看,追求效率始终是金融的内在属性。西方的金融理论以资产定价和公司金融为核心,金融发展理论则以金融结构、金融抑制、金融约束等为核心概念,提出了发展中国家金融市场本身存在效率缺失问题。但是金融市场或者金融制度存在无效,并不妨碍在这样特定的金融体制和金融市场下存在的金融机构追求自身利润的最大化,甚至说,正因为存在金融市场的无效,才促使各类金融机构更加利用自身的相对垄断优势来获得超额收益。

正是在这样的金融生态下,合作性金融在商业利益的驱使下,难以为继,而政策性金融即使不以追求利润最大化为目标,其规模也远远无法满足现实的需要。

为此,要真正构建普惠金融体系,需要跳出原有基于效率原则的金融理论的窠臼,包括金融市场不完善环境中的传统金融发展理论,而需要从一个新的角度来研究普惠制金融。金融宽度视角则可能提供一些新的洞见。

所谓金融宽度(Financial Width),是指一国或一个地区金融产品和服务的可得性(Accessibility)、丰富度(Variety)和覆盖面(Coverage)。金融宽度的含义需要从这三个维度立体化地加以定义。

所谓金融可得性,主要是从需求层面考察,是指当居民和企业需要金融服务时,尤其是提出金融服务申请时,例如申请信贷、信用卡、公司理财或个人理财服务时,是否能够得到相应的产品和服务。

所谓金融丰富度,主要是从供给层面考察,是指金融机构和相关服务中介能够主动提供的金融产品和服务的数量、种类、质量和便捷性等。例如各类信贷、存款、理财产品的种类,提供金融服务的媒介是否便捷(如自主金融服务、网上金融服务等)。

所谓金融覆盖面,主要是从均衡(非均衡)的层面考察,是指各类金融产品和服务的实际到达率和分布状况,是沟通金融需求和金融供给的桥梁。例如可以从金融产品和服务的区域实际分布状况加以考察。

第一,构建普惠金融体系需要提高金融产品和服务的可得性。

从收入状况来看,一般可以把人群分为赤贫者、极贫者、贫困者、脆弱的非贫困者、一般收入者和富裕者。其中的赤贫者约占贫困线以下人口的10%,极贫者占40%,贫困者占50%。而传统的小额信贷一般覆盖其中的三类:极贫者、贫困者和脆弱的非贫困者。

从金融可得性的角度看,要拓展原有政策性金融、合作性金融和商业性金融的产品和服务,使其既有相对明确的分工,又有相互之间的交叉。例如,政策性金融服务主要定位于赤贫和极贫者,但也可以适当的方式,涵盖贫困者和随时可能因病、失业导致返贫的人群,同时需要财政资金支持和职业培训、技术指导等配套措施;合作性金融则可以探索新型互助金融的方式,使其涵盖从极贫者到一般收入者,需要辅以政策支持和引导,同样需要职业培训、技术指导等配套措施;商业性金融主要服务于一般收入者和富裕者,同时要覆盖到贫困者和脆弱的非贫困者。从分割服务,到多元立体式、连续图谱式服务,要以尊重市场运行机制为基础,同时辅以政策支持和引导措施(见图2)。

赤贫者	极贫者	贫困者	脆弱的非贫困者	一般收入者	富裕者	配套措施
政策性金融:免息、低息贷款						财政补贴、培训指导
	合作性金融:互助金融					政策引导、培训指导
			商业性金融:小额贷款			市场主导、政策引导

图 2 普惠制金融体系

第二,构建普惠金融体系需要提高金融产品的丰富度。

目前的金融服务同质化现象比较严重,不同类型的金融机构,其提供的金融产品和服务也大同小异。从金融宽度的视角看,构建普惠制金融体系,不仅需要在金融需求的数量上满足需求,还需要在提供产品和服务的种类和特色上下功夫,尤其是金融服务的质量和便捷性。除了具体的金融产品和服务创新,还需要提供金融产品的主体——金融机构自身的创新。

相对实力雄厚,规模庞大的国有、大型金融而言,当前在普惠制金融中最为缺乏的是小微金融。陈鸿祥(2010)认为,微型金融则利用村庄内部信用机制和声誉机制,设计了一整套预防机制和金融教育制度,形成正向激励和逆向惩戒,走出传统信用困境。同时,相对传统金融而言,微型金融具有门槛低、手续简便的优势;相对民间借贷而言,具有规范化、低利率的优势。

第三,构建普惠金融体系需要扩大金融产品的覆盖面。

不仅需要从微观主体和具体的金融产品和服务考察,还要从总体上衡量金融产品和服务的到达率和分布情况。有学者认为,普惠性金融体系体现的实质是信贷的机会公平,金融融资渠道享用权的公平问题。贫困地区金融零售业务终端的缺乏,导致农村偏远地区金融地理空间可达性的困难愈加突出,金融产品和服务对此类人群的覆盖面较低。

随着现代信息技术的发展,各种新的服务方式不断涌现,可以最大限度地克服地域空间的阻隔,大大提高金融服务的到达率。以新兴的网络金融和移动金融为代表,现代信息技术与传统金融服务将会深度合作,使得金融服务的便捷程度大大提升,提高使用金融产品的可能性。可以预见,这一领域前景十分广阔。

依托大数据和云计算技术,通过网络平台,原来遭到金融排斥的群体也开始享受到了金融产品和服务。有学者认为,电子化金融服务渠道创新是建立普惠型农村金融体系的突破口,应充分尊重自下而上的电子化金融服务模式创新。笔者认为,可以采取自上而下和自下而上相结合的模式,由政府引导,提供基础平台,由微观主体自主创新。

积极构建普惠制金融体系,动力来自金融创新,具体就是要从业务创新、机构创新、制度创新等层面,从提高金融产品和服务的可得性、丰富性和增大覆盖面角度由地方政府、金融机构和经济主体共同参与和推动,构建现代普惠制金融体系。

五、构建普惠制金融体系的创新模式

普惠制金融体系的构建,核心是推进金融市场中的市场细分,改变现有政策性金融偏位、合作性金融缺失和商业性金融错位的局面。主要有两方面的思路:一是在战略层面,厘清普惠制金融中有政策性、合作性和商业性金融的主要领域,为政策性金融正位、合作性金融补位和商业性金融定位;二是在具体操作层面,从一定程度上打破现有政策性、合作性和商业性金融的界限,并充分利用现代技术手段,实现连续图谱式的金融服务。主要体现在具体的模式创新上。

为政策性金融正位,需要更有针对性地加大对贫困人群提供金融产品和服务的力度,为合作性金融补位,是要探索现实有效的合作金融新模式;为商业性金融定位,是指让商业性金融主体回归一般金融市场,通过政策支持和优惠在一定范围内提供低收入者的金融服务。

从供求关系看,就是要通过市场细分,把金融市场整体供求关系的不平衡,细化为各个局部市场的相对均衡。通过制度创新,逐步扭转机制扭曲的局面,逐步化解价格扭曲的局面。通过设立专门服务低收入者的金融机构的方式,提供便捷、小额、低成本的信贷支持。而商业性金融机构,尤其是大型银行,则主要依托强大的技术支撑,通过网络平台提供结算、存款等基础性金融服务,扩大基础金融服务的覆盖面。

普惠制金融体系的构建,既要遵循拓展金融宽度,构建立体化体系的一般规律,又要实事求是,因地制宜,探索适合本地区的模式。

模式一:准政策金融模式

主要针对经济欠发达地区,考虑设立区域性准政策性金融机构,向赤贫、极贫和低收入者提供小额、免息或低息的贷款,同时配合职业培训、技术辅导等措施。当受助对象脱贫以后,在其能力范围内,可以以一定的比例和条件,向政策性机构提供无息或者低息存款,帮助扩大资金来源,帮助其他贫困者,形成良性循环。

模式二:准合作金融

这种模式比较接近新型农村资金互助模式,主要面向中西部地区和经济发达

省份中经济相对落后的农村地区,主要的做法包括股贷分离,即加入互助金融机构时通过入股的方式,股东每年可以获得分红。分红水平可参照一年期定期存款水平,体现合作性质。当股东需要贷款时,参照商业模式进行,利率水平可以适度上浮。

这种模式与商业性金融的区别在于:第一,封闭运作,只贷给股东;第二,单笔贷款额度存在上限;第三,手续简便,无手续费等其他费用。与农村资金互助社的区别在于地域不限制在农村,同时也不需要以特定的产业或者生产互助社为依托。

模式三:准商业金融模式

这种模式主要通过小额贷款公司和农信社业务创新来实现,与现有的业务相比,区别体现在贷款利率更为优惠,贷款流程更为便捷,单笔信贷有额度管控,并通过财政金融手段予以政策优惠和支持。

此外,在城乡网络覆盖率较高的地区,还可以鼓励和探索网络金融服务模式,例如方兴未艾的 P2P 网络贷款模式。从金融宽度的视角看,其可得性较高,本身就是一种新型金融产品和服务方式,且包括多种具体模式,自推出以来,深受欢迎,其潜在的覆盖面较广。因此,借助新兴的网络信息技术,准商业金融模式的普惠金融前景十分广阔(见表1)。

表 1 P2P 网络借贷机构比较(2012)

机构名称	注册地	注册资金(万元)	成交量(万笔)	借款名义利率	年末贷款余额(万元)
陆金所	上海市	42000	1.5	12.48%	11384
红岭创投	广东深圳	5000	14.9	18.54%	4285
全民贷	浙江杭州	2000	2.2	13.58%	18514
e 速贷	广东惠州	2000	5.5	21.27%	2485
中宝投资	浙江衢州	1000	11.4	19.91%	5622
盛融在线	广东广州	1000	17.8	9.90%	15393
人人贷	北京市	617	3.5	20.23%	16415
365 易贷	江苏南京	502	6.4	8.95%	26865
温州贷	浙江温州	500	21.8	21.51%	2233
非诚勿贷	浙江绍兴	500	1.5	15.65%	1967
微贷网	浙江杭州	500	1.9	15.93%	29372

数据来源:根据《中国 P2P 借贷服务行业白皮书》资料整理。

【参考文献】

[1] 黄良谋,黄革,向志容.普惠制金融理论的述评及在我国贫困地区的应用[J].海南金融,2008(1).

[2] 焦瑾璞,杨骏.小额信贷和农村金融[M].北京:中国金融出版社,2006.

[3] 杜晓山.小额信贷的发展与普惠性金融体系框架[J].中国农村经济,2006(8).

[4] 陆磊,王颖.以社区型金融机构为载体构建中国普惠制金融框架:从微观到宏观[J].农村金融研究,2010(5).

[5] 许圣道,田霖.我国农村地区金融排斥研究[J].金融研究,2008(7).

[6] 田霖.我国金融排斥的城乡二元性研究[J].中国工业经济,2011(2).

[7] 何德旭,饶明.我国农村金融市场供求失衡的成因分析:金融排斥性视角[J].经济社会体制比较,2008(2).

[8] 陈鸿祥.微型金融组织发展的比较优势与建议措施:基于普惠制金融分析视角[J].金融发展研究,2010(9).

[9] 郭兴平.基于电子化金融服务创新的普惠型农村金融体系重构研究[J].财贸经济,2010,31(3).

[10] 第一财经新金融研究中心.中国 P2P 借贷服务行业白皮书[M].北京:中国经济出版社,2013.

第三方支付平台与商业银行的竞合关系研究①

◎莫淦清

一、前言

随着互联网经济的发展,网络支付手段多样,其中第三方支付逐渐成为一种重要的支付方式,受到广泛的关注。第三方支付发展之初,承担了支付网关中介的作用,就是为解决电子商务环节的买卖商家的诚信问题。当时第三方支付与商业银行开展了良好的合作。但随着第三方支付企业的不断拓展,直至 2011 年 5 月央行发放首批《支付业务许可证》之后,第三方支付企业从"游击队"转为"正规军",短短一年间,第三方支付企业的业务已涉及互联网及移动电话支付、银行卡收单、预付卡发行与受理、货币汇兑等众多业务支付环节,开始挤压商业银行的业务空间。

随着第三方支付机构的扩容,商业银行与第三方支付企业的业务不断交叉渗透,双方之间摩擦不断,关系也变得十分微妙。一方面,银行想借助与第三方支付企业的合作,达到更大范围的用户覆盖面,然而第三方支付企业业务不仅从线上走到线下,如今更涉足线下收单业务、基金代销、理财、信托等银行传统业务,引发了银行的不安与担忧。另一方面,第三方支付企业的业务需要在银行的平台上开展,本身依赖着银行,虽然它一再强调第三方支付对银行没有威胁,但其线上线下的相关业务造成银行客户分流也是明摆着的事实,这也是第三方支付企业即使拿到支付牌照,面对银行仍有危机感的原因所在。

基于这样的现实,本课题组查阅了大量的文献与数据资料,从分析第三方支付发展现状入手,研究第三方支付与商业银行之间的竞争关系,分析双方对彼此造成的影响。另外,从第三方支付角度,分析其与商业银行合作的必要性。最后本课题组提出双方必将是在竞争与合作的动态博弈的过程中共同发展,并且从第三方支

① 项目资助:浙江省金融教育基金会 2012 年度重点项目(2012Y33),课题负责人:莫淦清,课题组成员:陶再平、潘明风、谢亮。

付的角度,提出了与商业银行竞争与合作的建议。

二、第三方支付发展现状

随着网络购物的兴起和电子商务的渗透,以支付宝为代表的第三方支付公司应运而生。而央行发放支付牌照,"快捷支付"快速崛起,令第三方支付平台将业务从单纯的转接支付拓展到了转账汇款、代缴费、基金销售和小额融资等金融服务领域,挤压了商业银行的业务空间。

(一)成长之路

C2C 模式缘起于淘宝。2003 年,在"非典"横行的日子里,国民大多选择在家里上网办公或者交流。淘宝从那时起,逐渐引领了网络购物的潮流。"网购上淘宝",成为年轻人的时尚。而在 C2C 的模式下,为了解决买卖双方的互信问题,支付宝承担了信用中介角色,中国第三方支付企业自此应运而生。从 2004 年起,随着电子商务的发展,中国的第三方支付企业像雨后春笋一样蓬勃发展。2011 年 5 月,包括支付宝、财付通等第一批 27 家支付机构获发支付牌照;截至 2013 年 1 月,分六批累计发出 223 张支付机构牌照。牌照特许的经营范围包括:网络支付、预付费卡支付、移动支付、数字电视支付等。而据不完全统计,包括还在申请进程中和没有提交申请的支付机构,一共超过 400 家。

截至目前,中国市场前三的支付机构占据了超过 80% 的市场份额,其中支付宝超过 50%,财付通超过 20%,银联在线系超过 10%。2012 年,仅支付宝处理的交易金额就超过 1 万亿。从 2010 年起,支付宝创新推出"快捷支付",即客户在淘宝购物后,在支付过程中通过银行卡与支付宝账户的绑定,实现后续购物的"一键支付",不再跳转银行界面进行客户身份安全认证。在支付宝的大力推动下,快捷支付已逐渐成为主流。

(二)业务创新

首先是创新移动支付,2012 年 12 月,支付宝推出二维码收款业务,实现 P2P 付款,利用支付宝手机客户端的扫码功能,扫描代表对方身份与账户信息的二维码,即可利用有支付功能的手机转账完成付款,新的支付宝手机客户端,更像一个虚拟钱包。腾讯公司利用财付通和微信相融合,实现摇一摇转账、二维码支付和微生活会员卡等服务。

拓展企业端服务。面对企业客户,快钱推出了应收账款融资中介和保理服务;同时,快钱依托自己的支付清算平台,为企业提供流动资金管理解决方案。ChinaPay 为企业客户提供了 B2B、B2C、代收代付、信用支付和移动支付等全场景支付解决方案。从核心企业服务出发,第三方支付沿着产业链的上、下游在渗透延伸式服务。

拓展基金网销渠道。2012 年 5 月,证监会发放了第二批第三方支付基金销售牌照,支付宝、财付通、快钱等公司正式进军基金支付领域。至此,前后有 7 家机构获此资格。随着基金第三方销售渠道的开闸,其以更低的费率、更多的基金产品选择和更便捷的直销功能,必将逐渐打破以银行代销为主的基金销售渠道格局。

精耕细分行业。非电商平台基因的独立支付机构,因为没有垄断电商流量入口的优势,便去深耕细分行业。汇付天下主攻航空客票行业,易宝加大对教育、车险等市场的开发,一系列除网购外的新兴细分应用市场被深度开发,保险、非税、考试、基金等领域的拓展不断深化。

三、第三方支付与商业银行的竞争分析

在推出快捷支付业务之前,第三方机构扮演的是网上支付的中介角色,第三方支付与商业银行的利益是一致的,打通网上支付渠道,共享商户资源,提高手续费收入,这是双方合作的"蜜月期"。但当第三方机构渗透到了支付领域之外,进入金融服务的深水区后,一方面双方的利益诉求发生冲突,另一方面由于双方面临的监管并不对称,出现了第三方支付对银行的金融脱媒以及监管套利问题,同时银行也意识到了来自第三方支付的竞争,开始绝地反击,双方关系趋于微妙。

(一)第三方支付的发展对商业银行的影响

1. 第三方支付挤压商业银行中间业务

商业银行中间业务是指银行以中间人和代理人的身份替客户办理收付、咨询、代理、担保、租赁及其他委托事项,提供各类金融服务并收取一定费用的经营活动,其中作为传统媒介的支付结算业务是最重要的部分。而今,第三方支付企业通过各类产品与业务创新,替代了大量银行的支付结算中间业务,加速了商业银行金融脱媒的进程。

首先,第三方支付平台直接以较低的价格提供与银行相同或相近的服务。商业银行支付服务收费项目五花八门、种类繁多,存在收费设置不合理或重复收费现象。第三方支付平台为抢占市场,在几类交叉重叠的业务上采取低费率甚至免费的策略。这些业务都对银行的传统中间业务形成了新的竞争态势,减少了银行的利润来源。

其次,第三方支付平台填补了以银行现有资源难以覆盖的客户群体的支付需求。第三方支付机构顺应形势,与时代的技术进步同步,探索与物流、移动通信相关机构的合作,为广大用户提供了多样化的终端产品和服务。2012 年财付通携手微信推出了"O2O 微支付"业务,客户通过微信扫描商品二维码就可以完成第三方支付。这些新的支付模式深受年轻人的青睐,截留了商业银行的客户资源。

最后,第三方支付平台以其高市场敏感性拓展了一系列金融创新业务。网上

支付的内涵是金融衍生品,第三方支付公司凭借其日益加深的对金融业务的理解,对电子商务的理解以及逐渐提高的服务客户的能力和开拓市场的能力,已不满足只做银行网关支付平台,开始逐步涉足综合电子支付,并尝试在商贸及制造类等几十类行业的衍生领域不断渗透。

2.第三方支付分流商业银行存贷款业务

第三方支付在电子商务过程中承担资金流转和债务债权清算等职能,这将在事实上保留相当的沉淀资金。第三方支付机构利用这些沉淀资金进行金融运作,就具有了银行业最基础的存贷款业务。

以支付宝为例,从买家刷卡到最后资金到达卖家账户,资金一般会在第三方支付机构沉淀一周。这笔资金实际形成了对银行款项的占用,第三方支付公司顺利从银行领取存款利息。据各行反馈的数据,支付宝网上支付每天占用银行资金达1.6亿元,按照现费标准和日息计算,相当于银行每天损失取现手续费、日息达163.8万元,每年损失近6亿元。

随着助力传统金融电商化政策开闸,监管部门逐步向第三方支付企业开放传统金融领域支付结算业务,如国内7大主流第三方支付巨头已悉数获得基金支付结算许可。政策的放行一方面有助于突破传统金融产品销售渠道瓶颈、降低运营成本、加速传统金融行业电商化进程,为第三方支付企业拓展新的市场空间和盈利空间;另一方面也将对银行的定期存款形成强有力的竞争和分流。

3.第三方支付抢夺商业银行客户资源

首先,相比第三方支付企业的方便、快捷和人性化的服务。以经营风险为主的风险控制文化已通过厚重的历史积淀渗透到体制和机制的各个角落中,用户体验方面努力往往存在不足的银行业在客户流失方面面临巨大挑战。

根据艾瑞咨询2013年发布的《2012—2013年中国互联网支付用户调研报告》中的调研数据显示,2012年61.3%的中国网民使用第三方支付完成在线支付,而在使用第三方支付时,用户最常使用的方式为快捷支付,占比23.6%;且超过一半的快捷支付用户坚决表示会继续使用快捷支付。快捷支付省去了事先签约的步骤,用户也无须开通网银,可以直接通过输入卡面信息快速完成支付。对比之下,网上银行使用却需要繁杂的过程,造成客户的流失。

其次,快捷支付的业务模式把银行服务界面屏蔽于客户的支付流程之外,银行只扮演"账房先生"的角色,被动处理来自第三方机构的借记报文,不再认证客户的身份,不再掌握客户的支付行为。银行从原来客户支付结算的前线,倒退到了代理第三方清算的后线。在这个意义上,第三方支付企业屏蔽了银行对资金流向的识别,由此导致商业银行无法精确掌握个体的客户信息。这个角色的蜕变是颠覆性的。与此同时,第三方支付平台却掌握了大量用户的交易信息,通过数据掌握消费者特点,据此准确预测客户未来的需求变化趋势,开发适合各类消费习惯的支付方式,提升客户黏性。这也预示着支付企业可以在法律允许的范围内利用其信息优势,将支付服务进一步向信息服务拓展。据统计,支付宝快捷支付已接入160家银行,积累了超过1.2亿客户的实名、账户资料,其规模不亚于任何一家国内大型银行。

(二)商业银行的发展对第三方支付的影响

1.商业银行主动占领网络支付市场

电子银行的普及是银行业IT化的发端。2000年以前是电子支付时代,以银行卡支付为主要方式;2000—2011年则是互联网支付时代,网络支付快速发展;2011年以后,行业将逐步迎来移动互联网时代,移动支付将爆发式发展。随着网络信息技术的不断发展和第三方支付攻城略地式的发展,商业银行在网络支付领域不管是出于自我创新还是被动改革,都开始主动占领网络支付市场,挤压第三方支付企业的利润空间。

2005年5月,工商银行主动牵手搜狐、盛大网络等12家电子商务企业组成战略同盟,开始进行在线支付、企业和个人网上银行、客户资源和联合促销等方面的合作。2005年4月,招行网上银行推出了"财富账户",这是一个集多卡统一管理和多通道金融投资功能于一体的综合性个人金融服务平台,这显然是整合、利用传统商业银行自身金融服务功能优势的网上支付平台。对于兴业银行、浦发银行等这样的中小商业银行来说,在产品创新上则一直保持灵活机制。这些迹象表明,更多的商业银行直接走向前台,直接控制商户这一分销渠道。银行已经进入了网上支付市场,并且银行处于支付产业链的上游,网上的资金流最终都要在银行出入,因此其处于强势地位。

目前,中国手机用户已超过9亿,家庭渗透率达到95%以上;2012年中国移动支付用户规模将达到3亿左右。面对互联网的冲击,各家银行在夯实其网上银行、手机银行服务后,开始逐渐开放网银平台,带动移动支付行业用户规模的爆发,使支付更加便捷。2012年,中国农业银行电子银行在"掌尚e达"手机银行基础上,推出了全新的掌上银行,旗下涵盖全系列移动金融产品。招行率先推出了手机钱包业务,并先后和HTC、移动、联通等手机厂商及移动运营商签订了战略合作协议。近期,中信银行推出"摇一摇"转账支付功能,手机摇一摇即可转账。而此前不久,中信银行成立了一个一级部门——网络银行部,谋求在网络世界中开拓金融业务,其中,推进移动支付业务创新成为中信银行网络银行部的工作重点。

各大银行与第三方支付混战于支付市场,不仅是布局网络支付、移动支付市场的需要,更是出于长远战略的考量。通过这类网络化方式,银行支付活动"活跃"了起来,优化客户体验,未来客户体验至上是银行开展网络银行业务的基本出发点。

2.商业银行主动出击电子商务市场

支付宝、财付通能够在今天的第三方支付市场占据主导地位,这与它们多年来捆绑电子商务平台有很大的关系。现阶段,绝大多数商业银行已经或者即将试水电子商务市场,抢夺第三方支付的业务。招商银行的"网上商城"颇具特色。招行信用卡商城于 2004 年 10 月成立,是国内信用卡商城的先行者。目前在招商银行全国 1700 万信用卡用户中,有 500 万用户参与商城网上平台的实物交易。2011年,招行信用卡商城交易额超过 7 亿元,未来三年的目标是达到 100 亿元左右的销售规模,这或许本来是淘宝的营业额。

2012 年 6 月底,建设银行筹划了 20 多个月的电商平台"善融商务"上线。它包括"企业商城"和"个人商城"两个平台,并带有"商城账户"支付工具。与此同时,建行逐步将其他金融服务和非金融服务向平台上加载,以期构成四位一体的平台体系。

商业银行做电商最大的优势在于诚信度,同时,雄厚的资金实力能够支撑目前的投入。另外,一切并非从零开始,由于银行结算、清算、信贷等领域已有现成的IT 基础构架,电商平台的搭建只需在后台增加相应人员,而其庞大的物理网点,又是一种"辅助优势"。

四、第三方支付与商业银行的合作分析

第三方支付虽然属于电子商务的范畴,但其资金划拨结算是必不可少的,且必须通过商业银行。因此,第三方支付无论如何都离不开商业银行。目前,我国法律尚不允许非银行金融机构直接吸收存款,社会资本若要进入非金融机构设立的账户,必须首先通过银行开户存款和资金划转。商业银行在电子支付产业链上有着举足轻重、无法替代的地位,第三方支付离不开商业银行,表现在如下几个方面:

第一,商业银行为第三方支付提供最终结算服务。第三方支付企业并不是金融机构,不能开设实体账户,业务流程的完善程度与银行相比也存在差距,支付结算功能的最终实现必须通过商业银行来完成,甚至一些中小型第三方支付公司直接委托银行进行客户资金管理。电子商务市场中的流转资金实际上仍然在商业银行体系中流动。

第二,商业银行为第三方支付提供信用担保。第三方支付为买卖双方提供担保,而为第三方支付提供担保的正是商业银行的强大信誉,担保的实现来自第三方支付和商业银行的联结互通。银行通过确认买家的资金情况和信用水平为第三方支付平台提供交易依据,能够提升第三方支付企业的信誉度。举例来说,工商银行与阿里巴巴合作,正是以自身信誉为支付公司作保,支付宝借助于此,企业形象在

民众的心目中得到飞跃式的上升。

第三,商业银行为第三方支付提供技术支持。网上支付的首要是保证安全性,要建立无漏洞的超强安全系统需要先进的技术和足够的资金。第三方支付公司独立开发自己的安全系统存在困难,客户的网上支付信息也容易受到不法分子的威胁。第三方支付机构为了信息安全,与银行合作,借用银行的专业技术是一个两全其美的办法。

第四,商业银行为第三方支付平台的客户资金提供安全监管。客户储存在第三方支付平台虚拟账户里的资金有被第三方支付企业私自挪用的危险。目前,已有明确的法律政策规定要求客户资金托管由银行来负责,银行的监管也很符合公众的安全需求。

以上分析表明,商业银行在第三方支付中的地位至关重要,其巨大作用是无法取代的,第三方支付离不开商业银行。就目前来看,银行与第三方支付平台之间更多也表现为合作关系。事实上,第三方支付公司间的竞争最首要的一面是与银行的合作程度。与各大银行关系如何、合作是否紧密,这些都是决定支付公司同业竞争力的重要因素。

五、第三方支付与商业银行的竞争合作的建议

在支付产业价值链中,商业银行同时以供应商和潜在进入者两种角色出现在第三方支付企业面前,双方在虚拟账户、沉淀资金及孳息、信用卡套现、服务费率和分润以及争夺客户等多个方面产生了竞争冲突。另外,由于双方关系的特殊性,双方也都在寻求着广泛的合作。基于此,双方未来的关系将是竞争与合作共存的动态的关系。从第三方支付的角度,如何在与商业银行的竞争中始终保持竞争力,如何与商业银行开展良好的合作,并长期保持一种双赢关系,是本课题研究的内容。

(一)竞争建议

经过前面的分析,课题组认为第三方支付要想永远保持创新动力,第三方支付和银行都应理性地回归到自身的主营业务,错位竞争,打造核心竞争力,促进产业各方的和谐发展。

1.增强创新能力

创新服务永远是第三方支付的核心竞争力。第三方支付与银行的关系从最初的"求着银行办事"发展到现在平起平坐并且在部分领域大有赶超银行之势,这是第三方支付不断大胆创新的结果。支付平台不仅仅需要支付技术的创新,而且支付商的创新重点应聚焦在产业链的上下游合作创新、电子商务平台与企业高层次需求的服务创新,以及从传统交易、物流等细分市场中挖掘支付需求而进行的服务创新,开办创新业务,增加服务项目,做大网上支付业务。在创新过程中,第三

方支付企业应积极与客户沟通,针对用户反映的不足进行产品和体制创新,加大业务拓展。

2.错位竞争,提升核心竞争力

目前的第三方支付与商业银行的竞争有一些混战的影子,双方都在不断交叉渗透,双方业务范围重合得越来越多。对于这样的现象,有人支持,也有人反对。但不管怎样,第三方支付机构与商业银行都有它自身特定的社会、市场责任和核心业务范围。当双方抛开了自身的定位,不加冷静地去大范围扩张的时候,第三方支付与商业银行又有何异?双方应该追求的是有限度的竞争。

商业银行的优势在于:它具有账户资源,是支付服务的最终提供者和支付产品的实际生产者,处于产业价值链的源头,在品牌、机构数量、资金体量和政策扶持上具有无法匹敌的优势,更具有国家公信力。

然而,银行进入支付行业的劣势也非常明显:(1)银行不具备交易担保功能,它仅提供支付环节,不能掌控交易环节;(2)银行长期处于后台运作,没有贴近网上交易用户;(3)由于需求契合度和使用习惯,客户对银行的忠诚度不及对第三方支付的高;(4)任何一家银行都不大可能去整合其他银行加入自己的支付系统。

与此同时,第三方支付在面对银行的竞争中有着自己的优势:(1)具有交易担保机制,拥有完备的交易信用记录;(2)统一的网关接入,在客户、商户和银行之间打通了"多对多"的连接网络,有效提高交易效率,显著降低交易成本;(3)巨量而稳定的客户资源;(4)具有持续业务创新和市场拓展能力。

第三方支付的劣势在于:它缺少法律监管和政策支持,存在明显的金融风险和法律风险;另外,在产业链中它受制于银行的服务。

因此,基于扬长避短的原则,双方理应调整产品结构,回归到各自擅长的主营业务中去,开展错位竞争,也即银行负责提供账户资源和运营支付结算后台,第三方支付负责在前台面对市场,理解和响应用户需求,整合社会资源,设计开发和营销推广各种支付产品、支付工具和支付渠道,接受反馈,处理纠纷。第三方支付企业应借鉴国内成功范例和国外发展思路,准确定位自身,找到自己的盈利模式。同时,互联网早已将一个全新的世界呈现在我们面前,第三方支付应突破支付业务、转账业务等传统金融业务的限制,积极创新、努力开拓,创造属于自己的生存空间,提升核心竞争力。

(二)合作建议

1.积极开展新型合作

应该看到,由于国内之前第三方支付与银行合作程度不深,很多理应双方合作的业务领域都存在着较大空白,例如公共支付与教育缴费业务。因此,第三方支付有必要加强与商业银行的合作,促成双方形成紧密合作关系,双方积极设计、发展新型合作业务,把银行的稳定性、规范性服务与第三方支付的多样性、个性化服务有机结合,推动互联网经济市场的良性发展。

公共支付是一项典型的优质业务,但是目前没有一家支付公司能够全面成功地开展这一业务。公共支付应用的中心服务是电子账单通知及付款服务,国际上称其为 EBPP,是以互联网为基础的电子支付代理服务平台,以安全可靠的方式代为收取客户的付款、期票及提供相关信息服务。但是,由于政府的干涉和第三方支付与银行合作的缺乏,目前国内大多数城市都没有一个综合支付系统。应该看到国内的公用事业收费实际上有着很大的商机,已经成为电子支付市场上一个不可忽视的需求。网络支付应用领域的不断扩张使建立中心城市公共支付综合体系成为可能,这是未来电子商务的一个重要发展方向。

2. 确保资金安全

到目前为止,使用支付宝被民众认为是最具安全性的网络交易方式。国内规模较大的第三方支付平台为确保安全性,都是多种安全防护措施共同使用。然而,近几年还是发生了多起消费者网购资金在转入支付宝之前被黑客劫走的案件,不法分子制作假冒的第三方支付或银行支付页面的"钓鱼网站"欺骗消费者,甚至出现了用户遵循正确操作步骤在第三方平台上进行交易,资金却被转入不法分子的个人账户的事件。

在这方面,支付宝作为国内领先的第三方支付平台实行了比较完备的措施,借助监管部门和商业银行的力量不断完善自身的安全系统。2006 年 7 月,支付宝就建立了双重身份认证系统,所有使用支付宝平台的商家都要通过身份证和银行卡的两次认证。支付宝同时与国家公安部以及各个商业银行进行合作来检验商家身份的真实性,很好地利用了银行账户实名制,使填写虚假姓名和银行账号的不法分子无法遁形。因此,为了更有效地从根本上保障资金安全,第三方支付平台在与银行的合作中应该重点解决资金安全问题,银行也应该提供便利支持,主动帮助第三方支付建立具备超级安全性的防卫系统。

3. 加强反洗钱合作

2010 年 6 月《非金融机构支付服务管理办法》(以下简称《办法》)颁布以后,第三方支付被正式纳入反洗钱监管范围。《办法》所定义的应监管的四种支付服务中,网上支付在第三方支付行业中的比重最大。反洗钱基本理论认为,一般来说,不法分子侵入经济体系的途径是利用金融系统中监管较为薄弱的领域,因为此种领域不容易被监测到风险。新兴的网上支付是一种管制比较松散的支付方式,行业特殊性与复杂性对监管造成困难,在洗钱活动的处置、离析和归并三个阶段,都可能让不法分子有机可乘。在网上支付过程中,资金的存储最终是在银行,第三方支付机构起到了资金的调配作用,要达到反洗钱监管,双方势必要开展合作。

六、思考与展望

传统银行业认为市场不成熟、利润偏低因而迟迟没有进入互联网经济早期阶段,给了第三方支付机构大力开拓市场,形成数量较大的、稳定的客户群的良好机遇。第三方支付平台是当前网上支付的发展趋势。目前在互联网上已经大量出现第三方支付的模式,它们的存在为互联网金融的推进起到了积极的作用。通过研究,课题组认为,第三方支付与商业银行的关系,竞争是难免的,但合作也是必需的,因为从市场的细分来看,没人能通吃整张"市场大饼"。未来第三方支付与银行,可能更多的还是竞争与合作并存的关系。尽管未来还有很多的不确定性,随着社会信用体系逐步完善,第三方支付的地位会有所动摇,但在当前却是互联网经济形势下诸多瓶颈的较理想的解决方案。相信在第三方支付平台与商业银行的充分竞争与合作下,会出现越来越多的合理、高效、安全并广受用户欢迎的支付模式,从而促进互联网经济的飞速发展,更好地服务于人们的网络生活。

【参考文献】

[1] 胡熠.技术脱媒对银行业务发展的影响及其应对策略[J].新金融,2012(3).

[2] 狄卫平,梁洪泽.网络金融研究[J].金融研究,2000(11).

[3] 陈予,赵映珍.第三方支付对商业银行的影响和挑战[J].金融视点,2013(3).

[4] 赵鹞,刘奉祥.技术脱媒:商业银行的挑战与机遇[J].中国农业银行武汉培训学院学报,2012(5).

[5] 王乐鹏,李春丽,王颖.民营第三方支付企业发展对策探讨[J].内蒙古科技与经济.2010(23).

[6] 郑重.互联网金融的风险管理与协调[N].金融时报,2012-10-22(15).

[7] 中国人民银行.非金融机构支付服务管理办法[EB/OL].(2010-06-21)[2016-12-03].http://www.gov.cn/flfg/2010-06/21/content_1632796.htm.

[8] 新浪科技.艾瑞:2011年二季度网上支付金额达4566亿元[EB/OL].(2011-07-21)[2016-12-03].http://tech.sina.com.cn/i/2011-07-21/15255816566.shtml.

[9] 贝为智.第三方支付平台对商业银行经营的影响与对策[J].区域金融研究,2011(1).

[10] 由曦,宋玮,刘琦琳,等.交战互联网金融[J].财经,2012(26).

[11] 徐捷.建设国际一流电子银行理论与实践[M].北京:中国金融出版社,2011.